Pinterest

e Marketing

Beth Hayden

Pinterest
e Marketing

O GUIA COMPLETO PARA INCREMENTAR
SEU NEGÓCIO NA REDE SOCIAL

Tradução
Gabriel Zide Neto

1ª edição

best.
business

Rio de Janeiro | 2013

CIP-BRASIL. CATALOGAÇÃO NA FONTE
SINDICATO NACIONAL DOS EDITORES DE LIVROS, RJ.

H33p

Hayden, Beth, 1975-
 Pinterest: o guia completo para incrementar seu negócio da rede social /
Beth Hayden; tradução: Gabriel Zide Neto. — 1ª ed. — Rio de Janeiro : Best
Business, 2013.

 Tradução de: Pinfluence
 ISBN 978-85-7684-668-0

 1. Desenvolvimento organizacional — Administração. 2. Orientação
profissional. 3. Administração de empresas — Recursos de rede de computador.
4. Comércio eletrônico. 5. Sucesso nos negócios. 6. Redes sociais on-line.
I. Título.

13-00760   CDD: 658.8725
                                             CDU: 658.879

Texto revisado segundo o novo Acordo Ortográfico da Língua Portuguesa.

Título original norte-americano
PINFLUENCE
Copyright © 2012 by Beth Hayden
Copyright da tradução © 2013 by Editora Best Seller Ltda.

Capa: Marianne Lépine
Editoração eletrônica: FA Studio

Direitos exclusivos de publicação em língua portuguesa para o Brasil
adquiridos pela
EDITORA BEST SELLER LTDA.
Rua Argentina, 171, parte, São Cristóvão
Rio de Janeiro, RJ — 20921-380
que se reserva a propriedade literária desta tradução

Impresso no Brasil

ISBN 978-85-7684-668-0

Seja um leitor preferencial Record.
Cadastre-se e receba informações sobre nossos lançamentos
e nossas promoções.

Atendimento e venda direta ao leitor:
mdireto@record.com.br ou (21) 2585-2002

Para Ben, a luz da minha vida.

Sumário

Introdução

Nos últimos tempos, as mídias sociais deixaram de ser uma novidade tecnológica para se transformarem num aspecto fundamental da estratégia de marketing de qualquer empresa. No atual ambiente de negócios, as empresas não podem mais se dar ao luxo de ignorar as estratégias de marketing pela internet que as ajudam a interagir com os clientes e a ouvir o feedback que eles oferecem pela web. Os negócios precisam abraçar o mundo das mídias sociais ou não sobreviverão.

Foi esse cenário de marketing que levou à criação do Pinterest, uma ferramenta de networking social que ajuda os usuários a criar ou compartilhar imagens e vídeos criando painéis digitais — uma coleção de pins, que geralmente têm um assunto em comum.

O Pinterest foi lançado em 2009 e, no início, ganhou certo impulso entre as norte-americanas. Apesar de as pessoas utilizarem o site, parecia que o Pinterest era um segredo muito bem-guardado por apenas alguns poucos eleitos — em geral, pessoas planejando um casamento, ou que gostavam de experimentar uma receita nova por semana. O site ainda não havia deslanchado.

Apesar de ainda atuar de uma maneira reservada, na qual as pessoas só entravam por convite, o Pinterest começou a acertar o passo no final de 2011 e passou a crescer num ritmo extraordinário. A internet se viu tomada por notícias de celebridades, políticos e outros usuários de alto calibre que pareciam amar o Pinterest tanto quanto adoravam seu hambúrguer favorito.

O site recebeu mais de 10 milhões de visitantes únicos em janeiro de 2012, e os sites especializados em mídias sociais publicaram fervorosamente as estatísticas do Pinterest, afirmando que ele havia atingido essa marca de visitas mais rápido do que qualquer outra rede social até então.

E os números crescentes do Pinterest não mostram nenhum sinal de que vão arrefecer. Todo dia parece trazer a notícia de mais um recorde de acessos ou de popularidade que o Pinterest acabou de quebrar.

O que foi ainda mais interessante para quem acompanhava de perto o desenrolar dos acontecimentos foi o fato de os números de geração de tráfego superarem e muito as expectativas.

Em janeiro de 2012, o Pinterest levou mais tráfego a sites e blogs do que o YouTube, o Google+ e o LinkedIn *juntos*, segundo o Shareaholic, um site de compartilhamento de conteúdo.[1] No mês seguinte, fevereiro, o Pinterest causou um verdadeiro espanto no mundo, ao ultrapassar o Twitter em geração de tráfego. Estava claro que o gênio tinha escapado da lâmpada — e o tal gênio era uma mina de ouro para as empresas.[2]

Os estudos de caso das empresas e dos blogs que passaram a receber uma avalanche de tráfego vinda do Pinterest começaram a circular na web, e cada história parecia mais impressionante que a anterior.

E havia um detalhe ainda mais importante: os usuários do Pinterest *compravam*. Uma pesquisa feita pelo PriceGrabber demonstrou que 21% dos usuários do Pinterest compravam algo visto num painel de pins. No mundo inteiro, os marqueteiros viram essa estatística e, silenciosamente, imaginaram o som das caixas registradoras tilintando.[3]

E o que é que tudo isso significa para você, empresário?

Apesar de toda essa empolgação, o Pinterest é realmente uma grande oportunidade de negócio para você. O site demonstrou ter um poder incrível, a ponto de se tornar um vício — e é também muito valioso para empresários que querem promover seus negócios pela internet.

---

[1] http://blog.shareaholic.com/2012/01/pinterest-referral-traffic (todos os links estão em inglês).

[2] http://blog.shareaholic.com/2012/03/pinterest-referral-traffic-2.

[3] http://thenextweb.com/insider/2012/03/28/survey-21-of-users-on-pinterest-have-purchased-an-item-that-they-found-on-the-site.

O Pinterest soltou o colecionador que existe em todos nós — aquela parte que quer criar coisas esteticamente bonitas e compartilhá-las com o mundo. É possível imaginar o Pinterest como um enorme salão onde as pessoas se juntam para mostrar suas coleções de objetos favoritos — *tudo* que elas acham interessante. Elas se juntam para aumentar suas coleções, e também para encontrar pessoas que curtam as mesmas coisas que elas.

O Pinterest é muito simples. Você pina imagens e vídeos em colagens online que cria a partir de diversos temas. Cada pin se liga à fonte da imagem ou do vídeo, independente de ser o post de um blog, um artigo, uma página de catálogo ou qualquer outra página que lhe dará mais informações sobre o tal pin. É simples e fácil.

No entanto, no início pode ser difícil determinar o valor do Pinterest. Um marqueteiro pode ver as belas imagens dos sites de moda, receitas e casamento e pensar: "Mas isso não tem nenhuma utilidade para mim." Mas você ficaria surpreso com o que se pode fazer com as imagens e os painéis de pins. Existe todo um mundo de marketing visual no qual as empresas podem mergulhar através do Pinterest.

Quando o Pinterest começou a pegar, as marcas e as empresas perceberam. Houve uma avalanche previsível de posts e artigos de blogueiros sobre como usar o Pinterest com propósitos comerciais. O meu objetivo com este livro é chamar a atenção para algumas das *melhores* ideias de marketing e juntá-las numa obra de referência fácil, que você pode pegar e utilizar sempre que precisar.

Sou especialista em mídias sociais desde 2005 e ensino empreendedores e empresários a ganhar dinheiro e se relacionar com seus clientes valendo-se de sites ricos em conteúdo, marketing pelas redes sociais e campanhas de vídeo. A todos os meus clientes, em todas as situações, eu ensino os pilares mais importantes do marketing de conteúdo (sobre o qual voltarei a falar com mais calma mais à frente).

Desde que entrei para o Pinterest, passei muitas horas pinando e repinando imagens para um número crescente de painéis. Não vou mentir: o Pinterest é realmente divertido, e eu adoro o site.

Mas o Pinterest também proporciona outros benefícios. Ele me ajuda a me conectar com meu público-alvo e a iniciar debates sobre tópicos fundamentais para a minha empresa. Ele me permite dar uma olhada na vida pessoal dos meus clientes ideais, descobrir o que está acontecendo em sua casa, jardim, cozinha e escritório e descobrir quais são seus valores. E isso me ajuda a fornecer um conteúdo excelente para os meus seguidores (ajudando-me a pôr em prática os princípios de marketing de conteúdo que tanto prego aos meus clientes).

O Pinterest também me ajudou a construir relacionamentos com os parceiros, colegas e clientes que indicam meu nome. E, neste momento, o Pinterest está em segundo lugar como gerador de tráfego para o meu site.

Este livro é escrito para empresários, marqueteiros, profissionais de relações públicas e blogueiros que estejam tentando ampliar seus negócios. Também é destinado para funcionários do terceiro setor, escritores, críticos e qualquer pessoa que tenha uma mensagem para ser amplificada, ou uma missão a cumprir neste mundo.

Em resumo, se quiser contar para o mundo o que você faz — se precisa alcançar o seu público —, este livro é para você.

Visão geral

Os primeiros capítulos deste livro vão lhe mostrar o que você pode fazer para explorar ao máximo o Pinterest e como o processo de pinagem (publicação de imagens e vídeos em painéis na internet) pode funcionar para a sua empresa. Começo com uma apresentação do Pinterest e por que ele deve ser uma parte importante da sua estratégia de marketing on-line.

Depois, vou guiá-lo pelo processo de criação de um perfil completo e poderoso e começar a criar os pins e os painéis que vão servir de base para o seu trabalho de marketing com o Pinterest. Ao final desses capítulos, você vai saber como criar uma conta, montar um perfil adequado, estabelecer sua estratégia de marca para o Pinterest, construir painéis, pinar e repinar imagens e conversar com os demais usuários do site.

Posteriormente, vamos mergulhar nos aspectos práticos das técnicas de marketing pelo Pinterest, incluindo: a criação de um excelente conteúdo, como aperfeiçoar sites e blogs para pinagem e como aumentar seu número de seguidores. Você também vai aprender a integrar o Pinterest com outras mídias sociais (como o Facebook e o Twitter, e também seu próprio blog) e a detectar tendências e a monitorar conversas no Pinterest.

O capítulo final do livro vai abordar as técnicas de marketing mais avançadas para se utilizar com o Pinterest, incluindo outras maneiras de lidar com os seguidores e aumentar seu público, como usar o aplicativo do Pinterest no iPhone e conselhos para tipos específicos de negócios (como ONGs e B2B). O livro termina com um capítulo sobre as questões de direitos autorais e um mergulho na espinhosa questão da ética no Pinterest.

Ao longo do livro, você vai encontrar listas de tarefas com as ações que deve tomar e conselhos sobre como não perder tempo no Pinterest. É fundamental que você aprenda a transformar seus seguidores no Pinterest (e os visitantes que chegarem ao seu site pelo Pinterest) em clientes e compradores.

Evidentemente, não existe uma receita única — uma fórmula que sirva para tudo — para o sucesso no Pinterest. Minha meta é lhe dar um monte de ideias para fazer seu marketing de uma maneira instigante e criativa, valendo-se dessa nova plataforma social; entretanto, *nem todas* as ideias que vou desenvolver aqui vão servir para você. O que eu quero é que você termine este livro com uma boa noção de como o Pinterest funciona, para que ele desperte muitas ideias na sua equipe de marketing, de atendimento ao consumidor ou de captação de recursos.

Você pode entrar nessa dinâmica sala de colecionadores que é o Pinterest e, se tiver inteligência e consideração, pode se utilizar do site como uma ferramenta de marketing poderosa para fazer seu negócio crescer, gerar mais dinheiro e montar comunidades poderosas e leais em torno da sua marca.

Parte Um

Começando

Por que o Pinterest?

Ana White começou seu blog (ana-white.com) em 2009, como uma maneira de compartilhar seu amor pela marcenaria com as outras pessoas. O site começou como uma forma de compartilhar seus planos para fazer móveis, incluindo a bela armação de cama que criou. No blog, ela postava fotos e ideias para projetos novos, assim como histórias sobre sua vida familiar no interior do Alasca, todo santo dia.

Hoje, o blog de Ana consegue *quase 3 milhões de visualizações por mês*. E, apesar do tamanho desse tráfego por si só ser um espanto, a fonte de toda essa movimentação pode ser uma surpresa maior ainda.

O Pinterest é a principal fonte de tráfego de Ana White, trazendo ao seu site 6 mil visitantes por dia. Ao final do segundo ano, o blog dessa mãe que mora no Alasca começou a gerar receita de propaganda suficiente para sustentar sua família inteira.[1]

O Pinterest é a plataforma perfeita para o blog dela. Seus planos de móveis e as fotos que tira da própria casa são repassados como fogo em palha no site de compartilhamento de imagens. E os usuários compartilham os posts dela com os amigos, enquanto planejam seus próximos projetos. Você pode dar uma conferida na estratégia dela em @antiquewhite.

A história do sucesso de White — com o blog e com o Pinterest — é realmente um fenômeno, e seu design e seus produtos são, de fato, muito bem-feitos. No entanto, conto essa história não só para apresentar o trabalho de uma artista talentosa, mas também para dar uma ideia do que é possível fazer com o Pinterest. Se for autêntico e bem-executado, o marketing no Pinterest pode ser uma fonte poderosa de tráfego para o seu site e ajudá-lo a criar uma comunidade incrível de seguidores e superfãs que apoiarão com a maior lealdade tudo o que você fizer.

---

[1] www.socialmediaexaminer.com/how-alaskan-mom-brings-millions-to-her-carpentry-blog.

O apelo do Pinterest

Ben Silbermann, um dos cofundadores do Pinterest, aparentemente era um colecionador meticuloso que, quando criança, mantinha caixas de vidro cheias de besouros e selos. Foi essa mentalidade de colecionador que gerou a inspiração para o Pinterest. Silbermann percebeu que o ato de colecionar é simplesmente universal e quis montar um site que tornasse o ato de colecionar pela internet — e compartilhar essas coleções — algo fácil e divertido.[2] A capacidade do Pinterest de despertar o colecionador que existe dentro de nós é provavelmente uma das razões pelas quais o site é tão viciante.

O Dr. Christopher Long é professor de psicologia do consumidor na Ouachita Baptist University e dá a seguinte explicação: "Os painéis do Pinterest funcionam como colagens das alegrias de seus usuários. [Representam] as coisas que eu aprecio e desejo, além de expressarem quem sou, sejam elas xicarazinhas, David Beckham sem camisa ou uma frase inspiradora."[3]

Chelsea Smith, especialista em mídias sociais da empresa fabricante de aspiradores de pó Oreck, contou que o CEO pediu que ela abrisse uma conta da empresa no Pinterest depois de ter tirado férias com a família no México e percebido algo surpreendente na viagem. Ele observou que todas as mulheres do grupo estavam "mais interessadas no Pinterest do que em ficar bronzeadas ou em tomar margaritas!". Ele confessou que não sabia exatamente do que se tratava o site, mas observou que "era algo grandioso. A gente tem que entrar nisso!". Smith já tinha aberto uma conta no Pinterest para a empresa e recebeu sinal verde para mergulhar fundo no planejamento de grandes campanhas da Oreck pelo site.

Um vício? Sim. Um marketing brilhante para a Oreck? Sem dúvida.

Empresas inteligentes estão todas entrando no Pinterest atualmente, ainda mais agora que o site provou ser uma bela fonte de tráfego e conversões em vendas para os sites que o abraçaram. E a sua empresa deve seguir esse caminho.

---

[2] www.nytimes.com/2012/03/12/technology/start-ups/pinterest-aims-at-the-scrapbook-maker-in-all-of-us.html?_r=3&pagewanted=1 (11/mar./2012).

[3] www.fastcompany.com/1816603/why-pinterest-is-so-addictive.

O público do Pinterest

Você provavelmente já ouviu falar que a maior parte dos usuários do Pinterest é composta por mulheres. Embora os relatórios precisos das estatísticas apresentem algumas diferenças entre si, a maioria dos pesquisadores relata que cerca de 60% dos usuários norte-americanos do Pinterest são do sexo feminino e têm entre 25 e 34 anos.

No entanto, não há nada intrinsecamente femininocêntrico nesse site. Basicamente, ele é um site de compartilhamento de imagens que permite que as pessoas colecionem suas coisas favoritas através da internet. No início, o Pinterest atraiu sobretudo o grupo demográfico de mulheres jovens. Mas, à medida que o site for crescendo, não há motivo para não acreditar que ele também vá atrair muitos homens. Ele já está atraindo aos montes homens que amam ferramentas e que são aficionados em melhorar suas casas.

O estrategista de mídias sociais Mike Street (@mikestreet), por exemplo, administra uma vasta coleção de pins de coisas que os homens gostam num painel chamado "BroPin". O painel (uma colagem coletiva abastecida por mais de 35 homens) inclui mais de oitocentas imagens de roupas, carros, tecnologias e comida que atraem especificamente os homens. E Ben Golder (@beng), um estudante de arquitetura ecológica de Barcelona que tem mais de 200 mil seguidores, mantém painéis destinados aos homens sobre temas como robótica e arquitetura.

O Pinterest também conta com uma base de usuários crescente em outras partes do mundo, e o mix de gêneros nesses países é bem diferente dos Estados Unidos. Por exemplo, o Pinterest recebe cerca de 200 mil visitantes por mês na Inglaterra, e a maioria deles (56%) é de homens.

Portanto, não deixe que ninguém lhe diga que o Pinterest é *coisa de menina*, ou que só serve para anunciar ramos de atividades mais voltados para mulheres, como moda e casamentos. Mais à frente, nós também vamos falar sobre como utilizar o Pinterest para ONGs e B2B; por ora, basta notar que o Pinterest é uma ferramenta flexível e fácil de usar, que pode trazer benefícios enormes para uma ampla gama de negócios — e clientes.

Por que o Pinterest?

Então por que é que *você* deveria usar o Pinterest em seu marketing? A seguir vão algumas das razões pelas quais empresas inteligentes e eficientes estão utilizando o Pinterest para conseguir novos interessados em seus produtos, gerar tráfego para seus sites e lidar com os consumidores:

- **O Pinterest pode virar uma parte importante de sua estratégia de marketing de conteúdo.** O conteúdo ainda reina no mundo virtual, e o conteúdo visual do Pinterest pode realmente ajudá-lo a aperfeiçoar sua estratégia de marketing on-line. Publicar um excelente conteúdo através de blogs, redes sociais e sites de compartilhamento de imagens como o Pinterest ajuda a atrair novos consumidores e a cultivar bons relacionamentos com os já existentes. E se o seu conteúdo realmente chamar atenção, esses clientes e seguidores vão compartilhar a mensagem da sua marca *para você*. O que mais você poderia querer?

- **As pessoas tomam suas decisões de compra baseadas naquilo que veem nas redes sociais.** A empresa de software de marketing HubSpot, com sede em Massachusetts, anunciou em janeiro de 2012 que a probabilidade de as pessoas comprarem algo é de 71% quando um produto ou serviço lhes é recomendado por um amigo nas redes sociais. As empresas inteligentes estão se certificando de que seus produtos sejam fáceis de ser encontrados e recomendados em redes sociais como o Pinterest.[4]

- **Humanizando a sua marca.** A natureza visual do Pinterest faz com que ele seja uma boa maneira de dar aos clientes já existentes e potenciais uma olhada no coração da sua marca e o que a sua empresa representa. Quanto mais você deixar a personalidade da sua marca

---

[4] http://blog.hubspot.com/blog/tabid/6307/bid/30239/71-More-Likely-to-Purchase-Based-on-Social-Media-Referrals-Infographic.aspx.

expressa através dos painéis, mais humano você será — e mais sucesso terá com o Pinterest.

- **Ele pode ser uma fonte de inspiração constante para você.** Independente de qual seja o seu ramo de atividade, interagir no Pinterest e ver conteúdos excelentes podem ser uma ótima fonte de inspiração. Artistas, fotógrafos e outros profissionais criativos utilizam o Pinterest como uma espécie de musa virtual. E isso vale para você também!

- **Você pode usar o site para fazer sua plataforma crescer.** Como colecionador e curador de coisas interessantes no Pinterest, você acabará atraindo pessoas como você, que curtem as coisas que você e sua empresa fazem. Você pode se valer do Pinterest para construir uma comunidade forte, animada e engajada, independente de você utilizar essa plataforma para vender livros, anunciar programas de treinamento ou mostrar um original seu para uma grande editora. Com uma bela plataforma, o céu é o limite!

Agora que você já viu todas as razões pelas quais fazer marketing no Pinterest é uma ótima escolha para as empresas modernas, vamos acompanhá-lo nos primeiros passos para marcar sua presença nesse site — começando por montar um poderoso perfil para sua empresa no Pinterest.

Por onde começar?

Criando um perfil de peso

O Pinterest é simples e fácil de usar, e bastam apenas alguns minutos para começar. Enquanto você se diverte ao abrir uma conta com essa ferramenta superdivertida, pode aproveitar e dar alguns passos para criar uma base de sucesso para a sua empresa no Pinterest.

Neste capítulo, vou mostrar como montar uma fundação poderosa para os seus esforços de marketing no site. Vou explicar passo a passo o procedimento de registro e orientá-lo sobre que opções escolher na hora de abrir a conta — além de acompanhá-lo em todo o processo de montar um perfil útil e instigante.

Vincular ao Facebook ou ao Twitter: O que fazer?

Você vai ter que tomar uma decisão antes mesmo de começar no Pinterest, já que tem que vincular sua conta, seja ao seu perfil do Twitter ou ao do Facebook. Isso acontece para que você possa ativar as funções de compartilhamento do Pinterest nas redes sociais, o que vai ajudá-lo a montar sua plataforma. Evidentemente, isso leva à questão: qual dos dois você deve escolher?

Existem vantagens e desvantagens em ambos os casos. Quando você abre a sua conta pelo Facebook, o Pinterest vai dar uma busca entre os seus amigos e imediatamente você passará a seguir qualquer amigo que tenha um perfil no Pinterest. Essa pode ser uma ótima maneira de impulsionar o número inicial de seguidores que você possui no Pinterest, porque muitos vão passar a seguir você também. Mas valer-se do Facebook pode não ser interessante para a sua empresa se você não utilizar o perfil que tem no Facebook profissionalmente, ou se houver outros motivos que dificultem ou tornem inadequado que você vincule o seu perfil pessoal à sua conta no Pinterest.

Você também pode vincular a sua conta no Twitter ao seu perfil no Pinterest, o que é uma boa opção se já utiliza uma conta no Twitter para fazer o marketing do seu negócio. No entanto, se você tiver apenas um perfil pessoal no Twitter e preferira não associá-lo à conta do Pinterest, sempre poderá fazer um novo perfil no Twitter para os seus propósitos de marketing e vincular esse perfil ao Pinterest.

Mas você precisa escolher um dos perfis nas redes sociais (Twitter ou Facebook) para ser seu vínculo inicial com a conta do Pinterest. No entanto, como veremos no Capítulo 9, há maneiras bem fáceis de integrar suas campanhas no Pinterest com o Facebook e o Twitter na hora de pinar e montar os painéis. Portanto, não tenha medo de que escolher um ou outro vá limitar suas opções de compartilhamento.

Depois de ter pesado todos os prós e contras, escolha a opção que pareça ser a mais adequada para o seu negócio. Se você não estiver conectado à conta escolhida, precisará fazê-lo. Depois, vão pedir que você autorize o Pinterest a acessar uma dessas contas. É bom saber que *dar esse tipo de autorização ao Pinterest não irá comprometer a sua senha, ou a sua segurança nessas redes.*

Se estiver utilizando o Twitter para abrir a conta, será solicitado que você crie um nome de usuário no Pinterest. Esse nome deve ter menos de 15 caracteres, portanto abrevie. Seu nome de usuário passará a ser parte da sua URL no Pinterest, e os outros vão poder vê-lo. Portanto, é melhor não escolher nada muito pessoal, constrangedor ou que possa comprometê-lo.

Se você já souber de antemão que vai usar o Pinterest exclusivamente para o marketing do seu negócio e quiser usar o nome da sua empresa como nome de usuário, ótimo! Também pode ser uma boa usar seu nome e sobrenome. A loja de departamentos Nordstrom, por exemplo, usa o nome de usuário @Nordstrom.

Se quiser usar o Pinterest como pessoa física *e* jurídica e desejar manter esses dois mundos separados, seria o caso, talvez, de pensar em ter duas contas no Pinterest. E isso pode ser feito usando o seu perfil no Facebook para abrir uma conta e o do Twitter para a outra. No entanto, eu pensaria duas vezes antes de fazer isso. Ter duas contas no Pinterest significa ter dois trabalhos e gastar o dobro do tempo; por isso, se for possível manter tudo numa conta só, eu recomendaria. Também tenha em mente que os seguidores da sua empresa gostariam de ver alguns pins pessoais vindos de você — o que permitiria que eles o conhecessem melhor e confiassem mais em você. Por isso, na maioria das vezés, não há motivo para esconder seus pins pessoais dos fãs da sua empresa.

Você também terá que fornecer o e-mail que gostaria de usar para todas as suas comunicações com o Pinterest. Tenha em mente que, do jeito que o Pinterest funciona, você provavelmente irá receber *muitos* e-mails relacionados a ele. Por isso, é provável que queira trabalhar com uma conta de e-mail capaz de lidar com toda essa comunicação, sem que lhe seja inconveniente ou irritante. Talvez fosse o caso de relacionar um e-mail específico ao Pinterest só para a sua empresa, se isso for adequado para você e para o seu negócio.

Por último, escolha uma senha e clique em "Criar conta". Nas telas seguintes, o Pinterest vai pedir que você escolha alguns assuntos pelos quais se interessa. Isso ajuda o site a fazer algumas recomendações de conteúdo para você começar. Então, vão incentivá-lo a criar alguns painéis iniciais. Esses painéis são grupos de pins, e vamos tratar deles mais a fundo no Capítulo 3. Neste ponto, você já deve se sentir à vontade para concordar com as opções-padrão do Pinterest — além de adicionar suas próprias ideias.

Depois de mais algumas sugestões e notificações administrativas do Pinterest, vão pedir que você clique no botão "Começar a pinar", na parte inferior da tela. A partir desse momento, você passa a ter oficialmente uma página no Pinterest, que poderá personalizar para refletir sua marca e os objetivos da sua empresa!

Criando um perfil de peso

Você pode passar o mouse sobre o seu nome, no canto superior direito de qualquer página do Pinterest, para abrir um menu vertical que inclui todas as opções da sua conta. Clique em "Configurações" para visualizar e editar seu perfil no site (ver Figura 2.1).

Pense bem na maneira como irá criar seu perfil no Pinterest; essa é a primeira impressão que os outros usuários — pessoas com o potencial de se tornarem seus fãs ou seguidores — vão ter de você. Seu perfil no Pinterest também poderá se tornar um link muito importante para o seu site e para as suas páginas no Facebook e no Twitter, por isso leve o tempo que precisar!

Nome do Perfil

O primeiro campo da página de perfil já traz um dilema interessante para os empresários: você quer usar o seu nome ou o da sua empresa na hora de participar do Pinterest?

Usar o nome da sua empresa pode ser uma maneira poderosa de espalhar a sua marca para a comunidade do Pinterest. Devido à maneira que o Pinterest funciona, os nomes que você digitar nesses campos vão ser repetidos para os demais usuários do site, de várias maneiras, inclusive em e-mails e em vários pontos da interface da plataforma. Portanto, é bom pensar bastante no que vai escrever nesses campos.

FIGURA 2.1 Atualize as configurações do seu perfil clicando em seu nome de usuário, no canto superior direito da interface do Pinterest, e então em "Configurações".

Independente de qual for sua escolha, é bom se certificar de que as palavras sejam fáceis de entender e de reconhecer. Esse não é o lugar para dar uma de nerd ou para se valer de um nome do tipo "WriTeRgrl*222" — provavelmente, isso só vai confundir as pessoas! Inclua apenas caracteres alfabéticos (sem números) e pense que o seu nome tem que ser de fácil compreensão. Se você não quiser que um e-mail vá para os seus seguidores com esse nome, não o utilize.

O Pinterest exige que se escreva alguma coisa no campo "Sobrenome", portanto, se quiser usar o nome da sua empresa, ou se sua marca consiste de mais de um nome, você sempre pode dividir o nome em dois. Por exemplo, "Conserto de sapatos do Joe" poderia ser digitado como "Conserto de sapatos" no campo "Nome" e "do Joe" em "Sobrenome". Ou poderia escrever somente um asterisco no campo do sobrenome, só para inserir um caracter e cumprir a exigência do site. Mas você tem que saber que esse asterisco vai aparecer no seu perfil e em todos os e-mails que o Pinterest gerar automaticamente em seu nome.

Ao contrário do nome de usuário (que nós já vamos discutir), seu nome não precisa ser único no Pinterest. Existem, por exemplo, muitas Beth Haydens no site. Você pode utilizar qualquer nome no perfil que faça sentido para você ou para sua empresa; apenas certifique-se de preencher os dois campos: o do nome e o do sobrenome.

Nome de usuário

No universo do Pinterest, seu nome de usuário é um campo totalmente diferente do seu nome de perfil. Se você utilizou o Facebook para abrir a conta no Pinterest, seu nome de usuário foi gerado automaticamente; no entanto, se usou o Twitter, pediram que escolhesse um nome de usuário na hora da abertura da conta.

Seu nome de usuário tem que ser original, porque a URL do seu perfil no Pinterest vai se basear nele. Isso quer dizer que você talvez tenha que acrescentar um número ao seu nome de usuário (por exemplo, "BethHayden23"), para criar um nome original. O Pinterest vai pedir que você escolha outro nome se o que você escolheu já estiver sendo utilizado por outra pessoa.

A não ser que haja um motivo muito sério, eu não recomendaria trocar o nome de usuário depois de abrir a conta. Se mudar, você se arrisca a perder todos os seguidores que já tiver. Por isso, na hora de escolher o nome de usuário, é preciso agir com todo o cuidado!

Sobre

O campo "Sobre" é uma ótima maneira de contar ao universo do Pinterest um pouco mais sobre você e sobre o que você vai pinar. É um modo excelente de apresentar sua marca às outras pessoas, por isso não vá desperdiçar essa chance. Você deve passar as seguintes informações:

- Sobre quais assuntos irá pinar?
- Quem você quer alcançar? (Seu cliente ideal.)
- Seus objetivos no Pinterest. (Por exemplo, começar um debate, educar os usuários, divertir, poupar o tempo e a energia dos usuários etc.)
- O endereço do seu site — isso não vai ser um link ativo, mas não é má ideia colocá-lo no final da descrição. (Pode deixar o "http://" para lá e começar simplesmente com "www.".)

Local

Se você tiver uma empresa local e quiser que os demais usuários saibam onde fica a sua sede, então realmente deve inserir sua localização. Mas se o seu negócio for virtual e você não quiser (ou não precisar) incluir essa informação, pode deixar em branco.

Site

Você pode digitar sua URL nesse campo. Como o perfil do Pinterest só dá esse espaço para promover o seu site, pense com muito cuidado no que vai escrever.

Na maioria das vezes, é interessante inserir um link ao site principal. No entanto, pode haver situações em que você deseje inserir um link para uma parte específica do seu site — pode ser uma loja exclusiva só para os usuários do Pinterest, ou uma página de entrada que ofereça um brinde especial para os seguidores que se cadastrem na lista de e-mails da empresa.

Vamos bos aprofundar no que se refere a quem você pretende atrair no capítulo sobre estratégia no Pinterest, e isso pode fazer toda a diferença com relação a que endereço você deve escrever aqui. Por enquanto, digamos apenas que você deva preencher com o seu site principal. Mais tarde, você poderá trocar facilmente a URL se quiser.

Imagem de perfil

O Pinterest vai importar automaticamente a foto do seu perfil do Twitter ou do Facebook. Se quiser usar uma foto diferente, pode fazer um upload na seção "Imagem" da página de perfil. Se tiver uma foto mais atual no seu perfil do Twitter ou do Facebook que gostaria de usar no Pinterest, basta clicar no botão "Atualizar do Facebook/Twitter" e o site vai procurar uma nova foto no seu perfil.

Você também pode pensar em usar o logotipo da sua empresa como imagem do Pinterest, num esforço para aumentar a promoção de sua marca. Só cuide para que o logo inclua o nome da empresa numa fonte facilmente legível, de modo que as pessoas saibam quem você é. Para facilitar ainda mais, não custa nada criar uma imagem quadrada da sua logomarca, para se encaixar perfeitamente ao espaço disponibilizado pelo site. Senão, a logomarca pode ficar meio apertada e dificultar a leitura para seus seguidores em potencial.

Opções do Facebook

Independente de você ter criado a conta pelo Twitter ou pelo Facebook, você tem a opção de vincular sua conta no Pinterest à linha do tempo do Facebook.

Eu hesitei um pouco na hora de fazer isso quando comecei a usar o Pinterest, pois tive medo de que todos os meus pins fossem publicados individualmente na minha linha do tempo e meus amigos fossem inundados por uma enxurrada de imagens e atualizações. Mas o Pinterest consegue lidar com isso de uma maneira eficiente e elegante. O site agrupa os pins de um modo que eles sejam publicados em conjunto na linha do tempo, em vez de um por um, por isso você não tem que se preocupar em estar importunando seus amigos. É uma boa ideia vincular sua conta no Pinterest à sua página pessoal no Facebook, desde que você se sinta à vontade para usar sua conta do Facebook para um propósito comercial. Se estiver usando o perfil do Facebook de uma maneira totalmente pessoal e for utilizar a conta do Pinterest para vender seus produtos, talvez seja melhor *não associar* as duas contas. Mas fique à vontade para juntá-las se for melhor assim!

No momento, o Pinterest não permite que você publique os pins automaticamente na sua página comercial no Facebook. Mas essa possibilidade talvez venha a existir no futuro.

Link para o Twitter

Quando você criou sua conta no Pinterest utilizando seu perfil no Twitter, a opção de "Entrar usando o Twitter" foi ativada. O Pinterest não publica nada automaticamente quando o seu perfil está associado desse jeito ao Twitter; no entanto, esse vínculo permite que você sincronize as fotos do seu perfil e faça o login usando a conta do Twitter se você desejar.

Visibilidade

Se estiver fazendo marketing no Pinterest, você vai querer que seu perfil seja encontrado imediatamente nos sites de busca. Por isso, deve desligar o botão de "Privacidade de pesquisa" que "Impede que de mecanismos de pesquisa incluam seu perfil em seus resultados de pesquisa".

E depois?

Depois de ter completado todas as atualizações do seu perfil no Pinterest, aperte o botão "Salvar perfil" no fim da página.

Sempre que tiver de alterar as configurações — a imagem do perfil, o endereço do site ou suas preferências de redes sociais —, você poderá clicar em seu nome de perfil e depois em "Configurações" para alterar o que desejar.

Agora que você já sabe como criar uma conta poderosa no Pinterest e construir um perfil que vai ajudá-lo a montar uma rede de seguidores e gerar tráfego para o seu site, você está pronto para começar a parte mais divertida, que é pinar!

Seu plano de ação

- Decida se vai abrir sua conta no Pinterest com o Facebook ou com o Twitter;
- Crie a conta e monte um perfil poderoso preenchendo os campos "Sobre", "Local", "Site" e os demais com as informações mais importantes sobre o seu negócio;
- Veja o seu perfil clicando em seu nome (ou no nome da sua empresa) no canto superior direito da tela e avalie tudo com um olhar crítico. Você deixou alguma coisa de fora? Seu perfil inicial vai causar uma boa impressão nos usuários?

Antes de sair pinando

Quem você quer atrair?

Você está sentado? Porque algumas pessoas podem achar um absurdo o que eu vou dizer agora.

Lá vai: se você não pensar numa estratégia antes de mergulhar no marketing pelo Pinterest, seus esforços provavelmente não vão passar de uma imensa perda de tempo.

A primeira coisa que você tem a fazer — *antes* mesmo de criar os painéis e começar a pinar — é definir sua estratégia para o Pinterest, de modo a determinar que pessoas está querendo alcançar com seus esforços de marketing. E, quanto mais você souber, maiores as chances de se conectar a elas. Definir sua estratégia para o Pinterest também vai ajudá-lo a manter o foco nos pontos em que ele é realmente necessário: a geração de tráfego e a obtenção de clientes. Isso, além de ajudá-lo a reconhecer como o Pinterest se encaixa nas suas vendas e no processo de divulgação da sua empresa.

Neste capítulo, ajudarei a definir seu cliente ideal, vou discutir como você pode formatar seu conteúdo no site para que ele atraia esse tipo de cliente, lembrar qual é o objetivo de todas as promoções feitas pelas redes sociais (inclusive o Pinterest) e ensinar as ferramentas que você precisa usar para não ser excluído da comunidade do Pinterest por mau comportamento.

Definindo o cliente ideal

Você sabe quem é seu cliente ideal?

Aposto que você já tem clientes com quem adora trabalhar, que são aquelas pessoas que o deixam energizado e revigorado. Pense em um ou dois desses clientes prediletos e reflita por que você gosta tanto de trabalhar para eles. Por que você gosta de ajudar esse tipo de pessoa?

O escritor David Meerman Scott criou o conceito de "personas compradoras" em seu livro *As novas regras do marketing e de relações públicas: como usar blogs, podcasting, marketing viral e mídia on-line para falar diretamente com seus clientes,* que nos Estados Unidos já está na terceira edição. Scott explica como o ato de criar uma persona compradora (ou um cliente ideal) é uma das coisas mais importantes que sua empresa pode fazer antes de começar a veicular campanhas pelas redes sociais e de se aproximar dos clientes pela internet.

Sua persona compradora (ou cliente ideal) é, simplesmente, um perfil que descreve o tipo de cliente que você está tentando alcançar. Criar esse tipo de perfil (ou perfis) é um primeiro passo indispensável para determinar sua estratégia na internet.

Em *As novas regras do marketing e de relações públicas,* Scott descreve o exercício a seguir, que uma universidade conduziu para definir suas personas compradoras:

> *Se dividirmos os compradores em grupos distintos e começarmos a catalogar tudo o que sabemos sobre eles, fica mais fácil criar um conteúdo dirigido a cada segmento específico. Por exemplo, o site de uma faculdade normalmente tem o objetivo de agradar seus ex-alunos, de modo que eles doem dinheiro à sua alma mater regularmente. Dessa forma, uma faculdade pode ter duas personas compradoras para esses ex-alunos: ex-alunos recentes (aqueles que se formaram nos últimos dez a 15 anos) e os mais antigos. As universidades também têm o objetivo de recrutar alunos, conduzindo-os pelo processo de inscrição. Um bom site de faculdade deve ainda ter como persona compradora aquele aluno de ensino médio que está pensando em cursar uma faculdade. Mas como os pais desse aluno em potencial precisam de um tipo de informação muito diferente, os designers do site devem criar outra persona compradora para eles. Uma faculdade também precisa agradar seus atuais clientes (os alunos que lá estudam). Resumindo, isso significa que um site de universidade, para ser realmente bem-feito, pode alcançar cinco personas compradoras diferentes. (...) Ao compreender as necessidades e a mentalidade dessas personas, a universidade vai conseguir criar o conteúdo adequado.*

Uma das melhores maneiras de se criar um perfil detalhado e útil de uma persona compradora é indo direto à fonte — ou seja, entrevistando as pessoas. Se tiver acesso direto a alguns dos seus melhores clientes, pergunte se pode entrevistá-los pelo telefone por alguns minutos.

O que você quer é saber o máximo possível sobre cada grupo de pessoas, portanto pergunte tudo o que puder. Qual a idade delas? Têm filhos? Sobre que problemas específicos elas já acordam pensando? Que palavras utilizam para descrever a si mesmas e os principais problemas que enfrentam? O que fazem para se divertir? Que sites e redes sociais usam? O que as deixa felizes?

Use as respostas que conseguir para criar um perfil detalhado sobre cada tipo de cliente que estiver querendo atrair para a sua empresa. Anote toda a descrição do perfil, inclua uma foto e pregue num lugar bem visível do escritório, para lembrar toda sua equipe.

Você pode dar um apelido para cada perfil que ajude a lembrar as preferências ou os traços característicos de cada tipo, como por exemplo "Sally, a noiva" ou "John, o treinador".

A empresa fabricante de aspiradores de pó, purificadores de ar e outros eletrodomésticos Oreck (@oreck) se concentra nas mulheres como clientes ideais. A equipe de marketing da Oreck criou um perfil detalhado de cliente ideal, chamado "Suzy Dona de Casa" e o preencheu com os detalhes de onde ela mora, se tem filhos ou animais de estimação e quais são os seus hobbies. O Exército Americano (@usarmy) pode ter vários tipos de perfil, inclusive de homens e mulheres jovens que ele deseje recrutar e pessoas do público em geral que queiram apoiar as tropas.

Isso pode parecer um exercício meio bobo para você, mas não subestime sua importância. Quanto mais você souber sobre os clientes que está tentando alcançar com o Pinterest, mais sucesso terá em se conectar com eles através dos seus esforços.

O que seu cliente ideal deseja?

Agora que você estabeleceu quem é o seu cliente ideal e descobriu o máximo possível sobre ele, está numa situação muito melhor para começar quando criar sua conta no Pinterest.

Seus pins e painéis vão ser muito mais interessantes para o seu público-alvo se você se concentrar em seu cliente ideal quando estiver pinando. Pense nas várias personas compradoras quando for decidir se deve ou não pinar um vídeo ou uma imagem. Pergunte-se: "Será que o meu cliente ideal acharia que isso é útil, educativo, divertido ou inspirador?" Se a resposta for sim, pode pinar! Se não, continue procurando algo que se encaixe numa dessas categorias.

A marca Pretzel Crisps (@PretzelCrisps) faz um belo trabalho na hora de se comunicar com seus clientes ideais nos painéis que montou no Pinterest. Essa empresa inteligente não só usa os pins para mostrar ótimas maneiras de utilizar seus produtos (aperitivos, molhos etc.) como também enche seus painéis com imagens e ideias que seus fãs e seguidores adoram. Ela tem até um painel chamado "Genius" (Gênio), cheio de ideias inteligentes para casas e escritórios. O conteúdo dela atrai o tipo de cliente que quer atingir, porque a Pretzel Crisps sabe exatamente com quem está tentando se conectar.

Outro exemplo de empresa que tem uma estratégia inteligente para o Pinterest é a AARP (@AARP_Official). Apesar de essa associação ser nova no Pinterest, ela começou bem: tem painéis com nomes inteligentes que atingem seu público-alvo de pessoas mais velhas, como "Tecnologia para maiores de 50" ou "Filmes para adultos". Os usuários mais velhos do Pinterest sabem que esse conteúdo foi feito para eles, porque foi cunhado especificamente para os anseios e as necessidades dos que têm mais de 50 anos. E quando seus clientes veem que você se deu ao trabalho de pensar exatamente no que eles querem, eles sempre vão voltar querendo mais!

Pinterest: uma peça na sua estratégia geral de marketing

É muito fácil se perder nesse verdadeiro circo que são as redes sociais. No meio do Facebook, do Twitter, do LinkedIn, do Google+ e do Pinterest, nós geralmente cometemos o erro de achar que estamos sendo extremamente produtivos ao passar dez horas por dia interagindo com as pessoas através de todas essas plataformas. Para complicar ainda mais, parece que uma nova rede social entra em cena a cada seis meses, e os gurus das mídias sociais alardeiam que você *tem que participar* do novo site, caso contrário sua empresa vai afundar sem deixar vestígios.

Sente-se, respire fundo e permita que toda essa música circense desapareça. Vamos esclarecer as coisas.

No tocante ao marketing pela internet, seus objetivos são muito simples: gerar tráfego para o seu site, adicionar pessoas ao seu cadastro e transformar esses visitantes em compradores.

Imagine que sua estratégia de marketing é como uma roda de bicicleta. Seu blog ou site superinformativo é o eixo da roda, e as redes sociais como Facebook, Twitter e Pinterest são as hastes. E, apesar de serem hastes *importantes*, continuam sendo apenas hastes. As redes sociais devem agir apenas como mecanismos de divulgação e aumento de tráfego para o seu site. Além disso, criar relacionamentos e confiança nas redes sociais também é muito importante. No entanto, se as pessoas com quem você está construindo esses relacionamentos se limitarem a ver o seu perfil no Pinterest ou a sua página no Facebook, então você está apenas fazendo com que as rodas girem sem sair do lugar (e, provavelmente, perdendo muito tempo com isso).

O Pinterest não é diferente das outras redes sociais. Se os seus esforços no Pinterest não estão ajudando a levar as pessoas às portas do seu negócio, então você vai ter que mudar a maneira como usa esse site.

Mais adiante (no Capítulo 10), vamos discutir sobre como medir o tráfego que vem do Pinterest, o número de cadastros e de conversões em vendas, para você saber quais de seus esforços estão funcionando — e quais não estão. Mas, por enquanto, basta lembrar o seguinte: sua meta é aumentar o número de pessoas que passam a conhecer sua empresa e a quantidade de vendas que ela fecha. E ponto.

Todos temos que nos lembrar de que participar das redes sociais é *um meio para chegar a um fim* — e não um fim em si mesmo.

Portanto, lembre-se de quais são seus objetivos antes de ir mais longe nesse processo. Você pode até pregar esses objetivos num lugar que vê com frequência (como na tela do computador, ou em cima de sua mesa), para que o trabalho que você faz no Pinterest não seja em vão. Construir relacionamentos é ótimo, mas você também quer que isso ajude a atingir seus objetivos mais amplos.

Deixe sua personalidade brilhar

Antes de sair pinando — aliás, antes mesmo de criar sua conta —, você e sua equipe precisam pensar no tipo de coisas pelas quais vocês são apaixonados que poderão servir de trampolim para um conteúdo que realmente chame a atenção. A palavra *interest* (interesse), por si só, já está incluída no nome da marca *Pinterest*, portanto não vá cometer o pecado mortal de ser um tédio na hora de pinar.

Bethany Salvon (@beersandbeans), do belo site de viagens BeersandBeans. com, deixa a personalidade da sua marca brilhar através do seu perfil no Pinterest. Alguns dos painéis são típicos do que se poderia esperar de uma blogueira de viagens, inclusive um chamado "The Wander Wall" (Parede do Andarilho), que é um grupo de fotos, dicas, conselhos e histórias pessoais, administrado por alguns dos maiores blogueiros de viagens, em tempo integral. Salvon também tem séries de assuntos mais esdrúxulos, como o painel "VW and Tiny Homes" (Volkswagen e casinhas), dedicado a espaços de habitação minimalistas, como um ônibus da Volkswagen e casas ou apartamentos minúsculos. É um painel bonito e totalmente original, que se enquadra perfeitamente na marca BeersandBeans.com — e também gruda na memória. As pessoas com certeza vão se lembrar dele, compartilhá-lo pelas redes sociais e se identificar com Bethany por conta desse conteúdo incomum.

Lembre-se também que você pode usar imagens e vídeos para promover a *ideia* que está por trás da sua marca, quando estiver pensando em como usar o Pinterest para chegar a seu cliente ideal. O que a sua empresa representa? Quais são seus valores e princípios? Que estilo de vida ela tenta promover, e por que esse estilo de vida seria atraente para o seu cliente ideal?

O BlogFrog, que é uma ferramenta para blogueiros gerarem tráfego e criarem comunidades, bolou uma bela estratégia no Pinterest, cujo astro principal é seu lindo mascote — um sapo. A equipe do BlogFrog pina imagens e vídeos que interessam ao seu público principal: as blogueiras. Eles até administram um painel de moda do BlogFrog. No entanto, o painel não trata só de generalidades sobre a moda. Ele dá destaque a roupas e acessórios na cor da logomarca do BlogFrog (que, evidentemente, é o verde). As imagens são interessantes e engraçadas, e o BlogFrog consegue se equilibrar naquela linha tão tênue entre a subdivulgação (não chegar a mencionar a marca ou os seus produtos) e o excesso de divulgação (tentar empurrar a marca para as pessoas em toda e qualquer oportunidade). As campanhas que o BlogFrog faz no Pinterest encontram um equilíbrio perfeito.

Se você pina coisas pelas quais é apaixonado e que revelam sua personalidade, seu entusiasmo será contagiante — e você vai criar um conteúdo instigante que os seus seguidores vão amar.

Torne-se uma fonte de informações valiosas

Os administradores por trás dos painéis do iogurte Chobani são pessoas inteligentes. A marca sabe que apenas colar imagens de seu próprio site não é a melhor maneira de conquistar espaço no Pinterest. Em vez disso, eles criam painéis interessantes e pins que seus clientes ideais adoram.

A Chobani (@chobani) mantém vários painéis que mostram uma série de receitas tiradas de sites e blogs diferentes. E, apesar de muitas dessas receitas terem o iogurte como um dos ingredientes, existem exceções. A fabricante de iogurtes sabe que o seu público-alvo (mulheres, que cuidam da maior parte das compras de supermercado) está sempre procurando receitas simples e deliciosas para alimentar a horda de famintos que têm em casa. Por isso, em vez de apenas pinar os links do site da Chobani, eles se dedicam a resolver os problemas de suas seguidoras. A marca também aproveita o ensejo para instruir o público sobre seus produtos, mas esse não é o principal motivo pelo qual a empresa pina as receitas.

Ou seja, a Chobani compartilha informações e resolve problemas, sem *vender* alguma coisa escancaradamente.

E aqui vai uma notícia rápida e importante: ninguém se preocupa com os seus produtos ou serviços por si só. As pessoas querem resolver os problemas *delas*, e é para isso que querem os seus produtos e serviços. E o Pinterest lhe confere a incrível oportunidade de se tornar uma fonte valiosa de informação para as pessoas que você está tentando alcançar. E se você *vir a si mesmo como uma fonte de ideias e informação*, em vez de alguém que fica apenas alardeando os próprios produtos, vai desfrutar de muito mais sucesso no Pinterest do que se ficar apenas promovendo e pinando os seus produtos e serviços.

Ann Handley e C.C. Chapman, autores do livro *Regras de conteúdo: como criar excelentes blogs, podcasts, vídeos, e-books, webinários (e muito mais) que atraiam clientes e impulsionem seu negócio*, dão o seguinte conselho sobre como se transformar numa fonte valiosa de informações pela internet:

> *O bom conteúdo é aquele que compartilha alguma coisa, ou resolve algum problema. Não tapeia. Em outras palavras, não fica alardeando os próprios produtos ou empurrando mensagens exclusivamente para vender. Em vez disso, ele gera valor se posicionando como uma fonte de informações que não está ali para vender alguma coisa. (...)*

[O conteúdo que você compartilha] tem valor para os seus clientes, na forma que eles mais se identificarem com a mensagem.

Compartilhar conteúdo de alto nível é algo sempre bem-vindo nas redes sociais, inclusive no Pinterest. O narcisismo e o excesso de autopromoção, não.

• • •

Enquanto estiver pinando para o seu cliente ideal e expressando a personalidade de sua marca através das ferramentas do Pinterest, seu instinto sobre que conteúdo publicar vai ficar cada vez mais apurado, e o seu número de seguidores irá crescer. E, quando aprender a encaixar seu trabalho no Pinterest com o resto da sua estratégia de marketing on-line, as várias redes sociais nas quais você já estiver presente vão trabalhar juntas como uma máquina sincronizada.

Agora que você já traçou com clareza suas metas e estratégia para o Pinterest, passemos ao que é realmente divertido: aprender a pinar!

Seu plano de ação

- Crie um perfil do seu cliente ideal (ou clientes ideais).
- Pense meticulosamente nas necessidades e anseios desse(s) cliente(s).
- Faça uma lista do que você pode compartilhar ou resolver através do Pinterest para ajudar esse cliente ideal.
- Lembre-se sempre de que as redes sociais são um meio para chegar a um fim — e não um fim em si mesmas.

Noções básicas na hora de pinar

Belos painéis e pins instigantes

Segundo o próprio Pinterest, a missão deles é "conectar todas as pessoas do mundo através das 'coisas' que elas acham interessantes. Achamos que um livro, um brinquedo ou uma receita favorita podem revelar um elo comum entre duas pessoas. Com milhões de novos pins adicionados semanalmente, o Pinterest está conectando as pessoas do mundo inteiro, baseando-se nos gostos e interesses que elas têm em comum". Os principais instrumentos que o Pinterest usa para conectar as pessoas são os painéis e os pins.

Sua empresa também pode se valer de pins para facilitar conexões, criar comunidades e atrair clientes perfeitos. E a interface do Pinterest, que é muito simples de usar, facilita bastante as coisas.

Ao utilizar o Pinterest, você vai organizar imagens, ou pins, em painéis (grupos de pins) de diferentes assuntos. Este capítulo vai tratar dos diversos métodos que você pode utilizar para pinar imagens, assim como dar algumas diretrizes para criar um conteúdo instigante que atrairá muitos seguidores.

Painéis

Os painéis (ou *pinboards*), como são conhecidos no universo do Pinterest, são murais virtuais utilizados para agrupar imagens que você acredita serem interessantes ou instigantes. Por exemplo, alguns dos meus murais são: "Blogging and Social Media Tips" [Dicas para blogs e redes sociais], "Pinterest is Great for Your Biz" [O Pinterest é ótimo para os seus negócios], "Writers and Writing" [Escritores e a escrita], "Killer Marketing Advice" [Conselhos de marketing supereficientes], "I Believe" [Minhas crenças] e "Amusing" [Divertido]. A maioria dos pins que reúno todos os dias se encaixa num desses painéis. E eu também tenho painéis para lazer e entretenimento, decoração, ideias práticas e viagens.

A fabricante de aspiradores de pó Oreck (@oreck) mantém um painel chamado "Clean Made Easy" [Simplificando a limpeza], que mostra várias maneiras inteligentes de limpar a casa, inclusive formas de lavar o tampo do fogão, os rodapés da sala e joias de ouro. O slogan no site da Oreck também é "Clean Made Easy" — o que faz com que o título desse painel seja particularmente útil e inteligente do ponto de vista da marca.

Dando títulos aos painéis

Você vai ter que inventar um nome específico para cada painel que criar. É possível que, na hora de começar, seu instinto, assim como o de vários novatos no Pinterest, seja o de criar painéis com temas bem abrangentes, que permitam que você pine um monte de imagens sob o manto de um mesmo assunto. Entretanto, tenho que alertar: *lute contra esse anseio*.

Sim, parece ser mais fácil juntar um monte de imagens diferentes num lugar só. No entanto, o ideal é que os nomes e os assuntos dos painéis sejam *os mais específicos possíveis*. Eu, por exemplo, não recomendaria que uma agência de viagens criasse um painel com o título genérico "Cruzeiros". Melhor seria criar um título bem mais específico e memorável, como *Cruzeiros caribenhos divertidos para toda a família*. A diferença pode parecer sutil, mas, como muitos empresários sabem, é uma diferença crítica. Seus clientes têm gostos diferentes no que se refere aos produtos e serviços que usam. Qual desses painéis você teria mais chance de enviar para um amigo que estivesse pensando em levar a família para um cruzeiro em Aruba?

Também é uma boa ideia manter os nomes dos seus painéis curtos, eficientes e diretos. Quando alguém clica na sua conta no Pinterest para ver seus painéis e decidir se quer seguir você ou não, o ideal é que os títulos pareçam originais e instigantes.

A última versão do Pinterest (de março de 2012) dá aos usuários uma visão geral dos painéis dos participantes ao localizar o perfil deles. A desvantagem, contudo, é que, nesse apanhado geral, os nomes mais longos podem ser cortados, de modo que o significado de alguns títulos inteligentes pode acabar se perdendo. É mais um motivo para manter os nomes dos painéis com no máximo cinco ou seis palavras e checar se o título não vai aparecer cortado na sua página de perfil.

O Travel Channel (@travelchannel) domina a arte de criar títulos curtos e instigantes, com painéis do tipo "Travel Bucket List" [Viagens que você tem que fazer] e "Festivals and Events" [Festivais e eventos]. A jornalista especializada em viagens Jodi Ettenberg (@jodiettenberg) também usa títulos curtos e instigantes, como "Food, glorious food" [Comida, gloriosa comida] e "Trees that look like broccoli" [Árvores que mais parecem brócolis] (veja a Figura 4.1). Sim, ela tem um painel com esse título — será que ele não atiça sua curiosidade e lhe dá vontade de ir lá conferir?

Cada painel tem uma URL exclusiva. Por exemplo, a URL de um dos meus painéis mais populares, chamado "Pinterest is Great for Your Biz" [O Pinterest é ótimo para os seus negócios] está no seguinte endereço: www.pinterest.com/bethhayden/pinterest-is-great-for-your-biz.

Você pode compartilhar esse painel no seu site, via e-mail ou pelo Facebook, Twitter, ou qualquer outra rede social. Tudo o que você tem fazer é copiar e colar o nome do painel, para dar às pessoas um endereço direto para os referidos pins.

Mas aqui vai um aviso: se, mais tarde, você mudar de ideia e quiser mudar o nome do painel, o Pinterest vai mudar o nome da sua URL também. Por isso, se você tiver um link para esse painel que parta do Facebook, do Twitter, do seu site pessoal ou da empresa, ou ainda de qualquer outra parte, vai precisar atualizá-lo.

FIGURA 4.1 Jodi Ettenberg (@jodiettenberg) usa nomes de painéis curtos, originais e marcantes.

Uma última palavra sobre painéis: o Pinterest permite que você escolha uma imagem de capa para cada painel, que poderá ser vista na página do seu perfil. Você pode acessar a sua página de perfil clicando em seu nome de usuário, na parte superior direita da tela da sua página inicial no Pinterest. Então, passe o mouse por cima de qualquer painel do perfil e vai encontrar um botão chamado "Editar capa do painel". Ao clicar nesse botão, o Pinterest permitirá que você escolha uma imagem para ser a foto de capa daquele painel. Certifique-se sempre de escolher imagens nítidas e de fácil compreensão para as capas, para incitar as pessoas a conferir os painéis!

Como pinar

Já vimos como o Pinterest permite que os usuários criem grupos de imagens com um tema em comum, chamados painéis. Cada imagem da coleção é chamada de pin, que é pura e simplesmente algum tipo de conteúdo que você adicionou a um painel. Na maioria dos casos, cada pin tem um link para um site que dá maiores informações sobre a imagem.

Há três maneiras de pinar uma imagem num dos seus painéis:

1. Usando a ferramenta Pinar.
2. Copiando e colando o link para uma imagem.
3. Enviando uma imagem.

Vamos examinar cada caso detalhadamente.

Método nº 1: A ferramenta Pinar

De longe, o método mais simples para pinar uma imagem é usar a ferramenta Pinar, que vai instalar um botão na barra de ferramentas do seu browser.

Se você ainda não fez isso, instale a ferramenta Pinar entrando em www.pinterest.com/about/goodies.

Depois de instalar o aplicativo, você pode pinar uma imagem de qualquer página da internet. Se estiver num portal ou na postagem de um blog e quiser pinar uma imagem da tal página, clique no botão Pinar. O Pinterest vai abrir uma janela pop-up que permite que você escolha que imagem ou vídeo deseja pinar daquela página. Depois vai perguntar que painel você quer utilizar e que descrição pretende fazer. (Cada pin tem que ter uma descrição.) O Pinterest, então, vai adicionar diretamente o link para aquele pin, estabelecendo um caminho para a tal página quando ele for adicionado ao seu painel.

Aqui vai uma dica rápida para poupar tempo: esse comando também pode fazer uma descrição sumária e automática para você. Antes de clicar no botão "Pinar" em sua barra de ferramentas, passe o mouse sobre um texto (como o título da postagem do blog, ou um parágrafo interessante do artigo) da página de onde está tirando o pin e então clique em Pinar. O texto que você selecionou vai se transformar automaticamente na descrição do pin. Isso economiza muito tempo, se estiver pinando bastante e não estiver num dia particularmente inspirado para escrever descrições.

Método nº 2: Adicionar um pin

Você pode pinar imagens de sites, mesmo sem usar a ferramenta Pinar — ou se ela não funcionar no seu navegador. Basta clicar no botão "Adicionar +" na área de navegação da sua página inicial e então selecionar "Adicionar um Pin" para adicionar manualmente a URL de onde você gostaria de pinar uma imagem (ver Figura 4.2). Uma janela pop-up vai aparecer na sua tela. Adicione sua URL e clique em "Localizar imagens". E o Pinterest vai, então, vasculhar a página em busca de imagens pináveis.

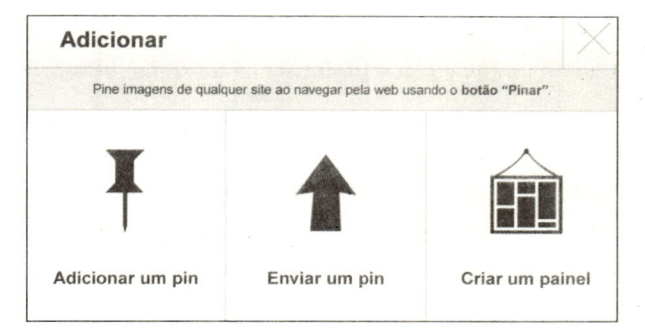

FIGURA 4.2 Utilize o botão "Adicionar" no Pinterest para enviar imagens ou adicionar pins manualmente de sites.

Vale a pena observar que, na minha experiência, o método de adicionar um pin manualmente não encontra imagens pináveis tão bem quanto o da ferramenta Pinar. É por isso que eu recomendo utilizar o primeiro método sempre que possível. .

Método nº 3: Enviar um pin

Você pode utilizar esse método para enviar suas próprias imagens para o Pinterest. Basta clicar no botão "Adicionar +" na área de navegação da sua página inicial no Pinterest e então clicar em "Enviar um Pin". Navegue para encontrar a imagem que você deseja enviar, selecione-a e clique em "Abrir" para enviá-la. Depois escolha o painel em que irá colar a imagem, escreva uma pequena descrição e clique em "Pinar".

Se mais tarde você quiser acrescentar uma URL às imagens, isso também pode ser feito. Basta clicar no pin e depois no botão "Editar", que aparece no canto superior esquerdo da imagem quando você passa o mouse sobre ela. Altere, então, o campo "Link" na configuração do pin para direcioná-la a uma postagem de blog no seu site, ou a uma página de entrada, ou ainda a qualquer outro lugar na internet que você queira citar. No entanto, você tem que lembrar que deve preservar os endereços para as fotos e o trabalho das outras pessoas de modo que os pins estejam sempre associados às fontes originais. Veja o Capítulo 14 para maiores informações sobre ética no Pinterest.

Repinando

Também é possível repinar os pins de outros usuários no Pinterest, da mesma maneira como você pode retuitar alguma coisa no Twitter. Você repina o pin de alguém quando gosta daquele pin e pretende usar aquela imagem num dos seus painéis.

Para isso, basta clicar num pin para abrir uma versão ampliada dele, e então clicar na imagem para ter certeza de que ela está vinculada à fonte original (trataremos disso com mais detalhes no Capítulo 14). Então, clique em "Repinar" no canto superior esquerdo do pin. Escolha em que painel você gostaria de repinar a imagem e clique em "Pinar".

Escrevendo descrições instigantes

Cada vez que você pina uma imagem, é necessário acrescentar uma descrição. E você tem que pensar nisso com cuidado, porque uma descrição cativante pode fazer uma enorme diferença na hora de alguém decidir se vai compartilhar a imagem na comunidade do Pinterest. Como você quer que a imagem seja compartilhada (pois isso ajuda a conseguir mais seguidores), é bom escrever descrições muito boas!

O Pinterest permite que você utilize até quinhentos caracteres no campo da descrição. Ela pode consistir de uma linha ou uma frase, se isso for tudo o que você precisa para caracterizar adequadamente a imagem; ou talvez você queira que ela se estenda por vários parágrafos. Uma boa regra geral é que você deve usar o número exato de caracteres que precisa para descrever a imagem adequadamente e colocar seus seguidores num determinado contexto — nem um dígito a mais. Descrições muito longas, só por verborragia, não vão funcionar a seu favor, mas, se precisar de vários parágrafos para descrever uma imagem, vá em frente e faça bom uso deles.

Alguns exemplos de boas descrições:

- **Para uma imagem de várias câmeras associada a um site de fotografia:** "Mantenha as lentes de suas câmeras em excelentes condições com as seguintes dicas de limpeza."
- **Para um endereço para um artigo sobre como usar o Flickr:** "Eu vinha procurando uma coisa exatamente assim para os meus clientes. O nome é 'Guia completo para encontrar e utilizar imagens incríveis do Flickr'. Neste artigo há informações excelentes para blogueiros que queiram encontrar fotos para suas postagens."

É óbvio que descrições como essas são muito mais poderosas e explicativas do que "Uau" ou "Isso é ótimo!".

Certifique-se sempre de que a descrição corresponda ao conteúdo do pin e do endereço para o qual ela encaminha os usuários. Não jogue uma isca tentando incitar as pessoas a clicar no seu pin sob um falso pretexto. No Pinterest, como nos outros ramos de negócios, a honestidade é sempre a melhor política.

Eu recomendo fortemente que você mostre alguma personalidade ao redigir suas descrições. Já tive o desprazer de ver muitas legendas incrivelmente chatas, porque os pinadores não se deram ao trabalho de se esforçar mais. Ao pinar, você quer escrever uma história, dizer por que está empolgado com aquele pin ou conferir certa personalidade à descrição. A Figura 4.3 mostra o meu pin mais compartilhado, com a descrição que o acompanha.

Além disso, não tenha medo de revelar algumas coisas sobre você. Pode confessar, por exemplo, que cobiça alguma coisa, que tem algum prazer secreto, ou que não é tão organizado quanto gostaria. Seus seguidores, assim como seus clientes atuais e potenciais, vão apreciar essa sinceridade — e talvez até sentir que têm alguma coisa em comum com você! Fale não apenas como uma empresa, mas também como uma pessoa de carne e osso. Mesmo que você tenha uma equipe pinando para você, é importante que ela saiba que pode ser autêntica no Pinterest. Afinal de contas, nós fazemos negócios com pessoas de quem gostamos, e fica bem mais fácil gostar de alguém quando a pessoa demonstra ter alguma imperfeição.

A trinca ideal que você procura quando está numa rede social é fazer com que seus clientes em potencial conheçam, gostem e confiem em você. Se você puder dar às pessoas a oportunidade de o conhecerem, começarem a gostar de você e a confiar em você por conta do seu conteúdo e do esforço que faz para criar um relacionamento, terá construído uma base sólida para eles se transformarem em clientes extremamente leais. Os pins fornecem uma bela maneira de criar relacionamentos com as pessoas para galgar os três passos descritos acima.

Dê uma olhada nos capítulos 6 e 11 para obter outras sugestões e conselhos sobre o tipo de conteúdo útil e interessante que você pode pinar e que o ajudará a gerar uma quantidade fantástica de seguidores no Pinterest!

• • •

Agora que você já tem as noções básicas sobre como pinar e como criar um conteúdo interessante que seus seguidores irão amar, vamos tratar de algumas maneiras básicas para começar a interagir com os demais usuários do Pinterest de maneiras totalmente autênticas.

FIGURA 4.3 Meu pin de maior sucesso (surpreendentemente) até hoje. Observe a descrição entusiasmada! Até agora, foi repinado seiscentas vezes.

Fonte: A imagem é cortesia da Trading Phrases, www.tradingphrases.com.

Seu plano de ação

- Instale a ferramenta Pinar no seu navegador favorito.
- Crie alguns painéis iniciais com nomes interessantes e criativos.
- Comece a adicionar pins e pratique redigir descrições instigantes.

Conectando-se com os demais usuários do Pinterest

Comentários, tags, curtir e hashtags

Agora que você já montou seu perfil e começou a pinar imagens e a organizar os painéis, está na hora de começar a construir sua comunidade no Pinterest. Lá, as pessoas que seguem seu perfil ou um painel específico são chamadas (muito adequadamente) de *seguidores.*

Assim como os seus amigos e fãs do Facebook e seus seguidores no Twitter, seus seguidores no Pinterest são valiosos. E uma das melhores maneiras de atraí-los é fazendo um uso eficiente das ferramentas de conexão embutidas no site.

Vamos falar detidamente de como alimentar suas relações com os seguidores no Capítulo 8. No momento, examinemos as quatro principais maneiras que os usuários do Pinterest utilizam para interagir entre si.

Comentários

Comentar no Pinterest acontece da mesma maneira que no Facebook. Você pode responder alguma coisa embaixo de qualquer pin de um usuário (ou seu). Basta clicar no campo abaixo do pin que diz "Adicionar um comentário...", escrever sua resposta e clicar em "Publicar comentário".

Ao comentar, certifique-se de que está adicionando algo de valor à conversa, porque um pin é *realmente* o início de um diálogo! (Ver Figura 5.1.) Independente de você ser o primeiro a comentar, ou o 71º, certifique-se de estar acrescentando algo de útil ou de interessante à discussão. Dê um exemplo, concorde com a opinião da pessoa, discorde com educação ou diga que você curtiu o pin ou o painel dela.

A melhor analogia a se ter em mente na hora de comentar é pensar que você é como alguém que está num coquetel. Você não interromperia um grupo de pessoas que está batendo papo só para empurrar uma proposta de vendas para cima delas. Da mesma maneira, você não deve interromper uma conversa no Pinterest só para tentar vender seus produtos ou serviços. Do mesmo modo que acontece nas outras redes sociais — e na maior parte do marketing de hoje em dia —, as pessoas desaprovam o excesso de propagandas.

FIGURA 5.1 Uma discussão no Pinterest, na seção de comentários. Observe que eu incluí a tag @Christiana Gressianu (@photocg) nos comentários.

Tags

Você pode taguear outros usuários do Pinterest, se quiser citá-los ou lhes recomendar um pin específico. A maneira de se fazer isso é digitando o símbolo @ e depois o nome da pessoa de quem você quer inserir a tag. O Pinterest, então, oferece um menu vertical de usuários para você selecionar.

Usar tags é uma ótima maneira de fazer recomendações para seus clientes atuais e potenciais a respeito de assuntos e pins que você acha que eles gostariam. Você também poderá fazer perguntas, saber que experiências eles tiveram com um determinado produto ou simplesmente descobrir mais sobre eles e que tipo de conteúdo eles preferem. Lembre-se de que a meta é estabelecer relacionamentos com as pessoas, por isso utilize as tags de maneira estratégica. Não seja incômodo!

Você receberá um e-mail toda vez que alguém o taguear num comentário do Pinterest. Isso significa que o autor do comentário está querendo chamá-lo para a discussão. Algumas pessoas veem isso como uma oportunidade de se conectar com aquele usuário. Portanto, se você foi tagueado, descubra se o autor fez uma pergunta ou um comentário e responda!

Curtir

Assim como você "curte" uma atualização de status, um comentário ou uma foto no Facebook, você também pode "curtir" um pin no Pinterest. É uma maneira rápida de dar a alguém um sinal positivo por um conteúdo que ele postou. Quando você curte um pin, você não o adiciona para os seus seguidores, como se o tivesse repinado — só está dando um rápido sinal de aprovação. Para curtir um pin, basta passar o mouse por cima dele na sua homepage do Pinterest e o botão "Curtir" irá aparecer. Clique no botão para mostrar que você aprovou o pin!

Sinta-se à vontade para usar a ferramenta "Curtir" generosamente — é uma ótima maneira de se conectar com os demais usuários. O Pinterest também monitora as suas curtidas. Você pode vê-las clicando em "Curtir" na sua página principal (fica abaixo do nome de usuário). Essa ferramenta permite que você confira e revisite todos os pins que você curtiu. Isso ajuda se mais tarde você quiser adicionar um comentário ao pin, ou se quiser incorporá-lo a uma postagem do seu blog. (Vamos tratar disso com mais detalhes no Capítulo 9.)

Publiquei uma postagem no Copyblogger chamada "56 Ways to Promote Your Business on Pinterest" [56 maneiras de promover sua empresa no Pinterest], em fevereiro de 2012, e o artigo foi pinado que foi uma beleza! Eu curti o máximo de pins que pude e adicionei um comentário agradecendo ao pinador pelo interesse demonstrado. Conquistei muitos novos seguidores dessa forma e achei pinadores bem interessantes para seguir!

Hashtags

Hashtags são usadas para categorizar mensagens em comentários e descrições. Basta colocar o símbolo # antes dos assuntos ou das palavras-chave em seus comentários, sem deixar espaço entre o sinal # e a palavra e entre as próprias palavras, como aparece na Figura 5.2. Isso ajuda as pessoas a encontrar seus pins e painéis. Entre as hashtags mais populares do Pinterest estão #infographics [infográficos], #wedding [casamento] e #recipes [receitas]. Você também pode inventar sua própria hashtag, ou usar as que já se encontram no Pinterest.

Quando você usa uma hashtag, o sinal # e a palavra que vem a seguir passam a ser um link através do qual as pessoas podem clicar em outros pins semelhantes. Ao clicar em #recipes, por exemplo, os usuários são levados a uma página com as receitas em inglês atuais do Pinterest (com as mais recentes no alto da página).

56 maneiras de promover sua empresa no Pinterest #pinterestmarketing

Adicionar um comentário...

FIGURA 5.2 Uma hashtag no Pinterest. Pode-se clicar na expressão #pinterestmarketing.

À medida que o Pinterest for crescendo, acredito que eles vão aumentar o uso das hashtags e incrementar a função de busca. Por enquanto, você pode usar as hashtags para indicar o assunto geral do seu pin e encontrar outros parecidos.

Conectando-se ao seu cliente ideal

No Capítulo 3, discutimos a importância de traçar o perfil de um cliente ideal que ajude a moldar sua estratégia para o Pinterest. Uma das coisas mais importantes na hora de utilizar as ferramentas de conexão nessa rede social é lembrar que seu cliente ideal é uma pessoa que está usando a rede porque ele ou ela gosta de ter uma presença *social*.

Você quer usar seus comentários, tags, hashtags e curtidas de maneira a criar um relacionamento com essa pessoa. Nada faz uma empresa ser mais humana — e portanto mais cativante — do que ver a equipe desenvolvendo interações calorosas, individuais e autênticas, seja pessoalmente, seja nas redes sociais. E é bem isso que essas técnicas lhe dão a oportunidade de fazer!

Seu plano de ação

- Entre nas conversas do Pinterest postando comentários nos painéis dos usuários.
- Curta alguns dos pins que você gostou, ou com os quais aprendeu alguma coisa.
- Num comentário, inclua a tag de um usuário que você acha que vai curtir um determinado pin.
- Use hashtags para conectar seus pins a outros parecidos.

Parte Dois

Pinando e lucrando

6

O poder das imagens

Como criar um conteúdo visualmente instigante para o seu negócio

Tamara Suttle (@tamaragsuttle), psicóloga, se via diante de um problema. Ela trabalha com psicólogos recém-formados, muitos sem qualquer experiência, e queria lhes mostrar como criar consultórios aconchegantes, que façam os clientes se sentirem bem-vindos. Muitos desses psicólogos estão começando a criar uma clientela e nunca montaram um consultório antes — alguns nem sequer puseram os pés dentro de um!

"Vocês têm que pensar no impacto que o consultório vai causar nos clientes", afirma Suttle. "A primeira impressão é muito importante."

Mas, apesar de adjetivos como "caloroso" e "convidativo" serem muito fáceis de falar, são bem mais difíceis de pôr em prática na hora de criar esse ambiente num consultório de verdade. E é difícil encontrar as palavras para descrever que aspecto deve ter um consultório onde "os clientes se sintam bem-vindos". Por isso, quando Tamara começou a usar o Pinterest, ela se viu diante de uma oportunidade incrível.

Ela começou a colar pins de consultórios e salas de espera, e logo reuniu uma ampla gama de ideias e sugestões sobre esse assunto num painel chamado "Private Practice from the Inside Out" [Consultórios vistos por dentro]. Ela usou o painel para pinar de tudo, desde receitas de água saborizada (cortesia do famosíssimo chef Jamie Oliver) até imagens de consultórios reais. É uma verdadeira sala de inspiração para psicoterapeutas que desejem montar o primeiro consultório. E Tamara dá ótimos conselhos especializados através do poder das imagens.

A Oreck (@oreck) tem uma estratégia específica e muito eficaz para utilizar conteúdo visual no Pinterest:

> *Nossa estratégia de conteúdo é simples: pine coisas que o nosso cliente acha interessante. Na maior parte do tempo, é possível estabelecer uma conexão com a Oreck, com nossos valores e produtos. Nós temos um painel para cada um dos lançamentos mais recentes (aspiradores de*

pó, purificadores de ar e vassouras a vapor), mas só incluímos fotos dos produtos sendo utilizados nos lares de pessoas que realmente existem — na maioria das vezes, blogueiros com quem nós trabalhamos no nosso programa de parcerias.

Não queremos ser como muitas marcas por aí que pinam todas as fotos dos seus produtos. É por isso que temos painéis do tipo "Furry Friends" [Amigos peludos] (que mostram fotos de lindos animais de estimação) e "Stunning Floors" [Pisos esplêndidos] (que mostram belas opções para o piso de sua casa). Temos até um painel que é totalmente dedicado à cor azul (que é a "marca registrada" da empresa) (...) que é muito divertido de ver.

Queremos nos conectar aos nossos clientes através de seus cachorros, de novas opções para pisos ou de uma cor favorita e lembrar-lhes das soluções que os produtos da Oreck podem trazer para atender as neces-sidades deles e facilitar um pouco suas vidas.

Tamara Suttle e a Oreck se especializaram na arte de alavancar o poder das imagens. Ambas se dedicam a postar conteúdos instigantes e interessantes no Pinterest e assumiram o papel de provedores de conteúdo para os seus seguidores.

O que pensar na hora de publicar conteúdo

Quando você se utiliza de redes sociais como o Facebook, o Twitter e o Pinterest, tem que assumir o papel de um marqueteiro de conteúdo. O copyblogger.com (um dos maiores e mais bem-sucedidos blogs de redes sociais que existem na internet) dá a seguinte explicação sobre esse papel:

***Marketing de conteúdo** significa criar e compartilhar gratuitamente conteúdo informativo, como uma maneira de converter potenciais clien-tes em clientes de verdade e fazê-los comprar de você diversas vezes. (...) Uma exposição regular e repetitiva [em relação ao conteúdo] cria um relacionamento relevante, que proporciona múltiplas oportunidades de* *conversão, diferente daquela abordagem de venda que tenta "ganhar ou perder" logo de cara.*[1]

Como marqueteiro inteligente, você deve compartilhar conteúdo através de seu site, perfil no Twitter e seu canal no YouTube. Sua plataforma no Pinterest será apenas uma extensão desse sistema de marketing. A diferença é que o conteúdo será inteiramente visual — imagens e vídeos. Mas os princípios subjacentes do marketing de conteúdo continuam sendo rigorosamente os mesmos.

Para vender bem usando as redes sociais, você tem que se certificar de que todo e qualquer conteúdo que publicar precisa resolver um problema do seu público, ou ser divertido para ele — de preferência, os dois. Esse princípio do "Compartilhe ou resolva; não tapeie", de Ann Handley e C.C. Champman (autores de Regras de conteúdo), é fundamental para o sucesso do seu marketing pela internet. Depois de estabelecer um ótimo entrosamento com o seu público através do seu site (e das outras redes sociais), ele vai comprar de você porque gosta e confia em você. Mas se você não obedecer à importantíssima regra de publicar um ótimo conteúdo e, em vez disso, só compartilhar mensagens de venda ou abobrinhas, seu público não irá confiar em você, e o tráfego que você gerar na internet e nas redes sociais nunca os transformará em consumidores ou clientes.

Uma dica que pode ajudar quando estiver pensando se deve ou não publicar um determinado conteúdo no Pinterest é se perguntar como você quer que as pessoas *se sintam* depois de assistirem ao vídeo ou à imagem em questão. Como o conteúdo visual pode ser realmente instigante e emocionante, você pode acabar despertando certos sentimentos no seu público — de preferência os mais positivos, como alegria, surpresa, curiosidade ou satisfação. Por isso, pergunte-se como você quer que o seu público se sinta e então se pergunte se a sua imagem ou vídeo está contribuindo para gerar esse sentimento. Se estiver, ótimo; ganhou o dia! Se não, espere um pouco e pense outra vez. Essa é uma boa maneira de avaliar não só cada pin específico, mas também os próprios painéis como um todo.

Pergunte-se também se o conteúdo tem permanência. Ele tem como durar ao longo do tempo? Ainda vai ser interessante e cativante se o usuário o vir daqui a um ou cinco anos? *Conteúdos permanentes* nunca ficam desatualizados

---

[1] www.copyblogger.com/content-marketing.

e continuam sendo relevantes para os seguidores no Pinterest por anos a fio. O ideal é ter um mix de imagens atuais e renovadas e um conteúdo permanente, que vai continuar atual ao longo do tempo.

Como publicar conteúdo

Você dispõe de algumas fontes de imagens e vídeos para os seus painéis na hora de publicar conteúdo no Pinterest:

1. Repinar bons conteúdos de outros usuários do site.
2. Pinar conteúdo próprio de outras fontes (outros sites, blogs etc.)
3. Criar um conteúdo exclusivo para o Pinterest.

Todas essas opções podem contribuir enormemente para o seu conteúdo. No entanto, as marcas e empresas que se dão melhor no Pinterest são as que têm o conteúdo mais original — ou seja, imagens que não são apenas repinadas de outros usuários.

Já percebi que o conteúdo mais popular que posto — os que são mais repinados ou comentados com mais frequência — são os originais (que não estão no Pinterest). As imagens que se tornam virais são aquelas que encontro em outros lugares (ou que eu mesma crio). Evidentemente, você tem que checar o que funciona para o seu público (veja o Capítulo 10 para ter mais informações a esse respeito). No entanto, a melhor maneira para as empresas se sobressaírem parece ser pinando algo novo e original.

As estatísticas revelam que mais de 80% do conteúdo do Pinterest é repinado de algum outro ponto do site, o que significa que vemos muitas imagens recicladas. Se você já for usuário do Pinterest, provavelmente já passou pela mesma experiência que eu: vive vendo a mesma imagem de coelhinho, roupa ou celebridade glamourosa, inúmeras vezes, e a imagem vai dando voltas e sendo repinada continuamente.

Agora compare essa experiência de ver a mesma imagem repetidas vezes com a de ver uma *imagem novinha em folha*, que ninguém repinou, talvez uma coisa tão singular que você mesmo nunca viu nada parecido. Não é segredo algum que as pessoas adoram originalidade, novidade e descobrir coisas novas. Portanto, lembre-se de que encontrar imagens singulares para pinar é um componente fundamental do sucesso que você vai ter no Pinterest.

Pense nas seguintes responsabilidades que você vai ter na hora de publicar conteúdo no Pinterest:

1. Você tem que ser uma espécie de **"curador" de excelente conteúdo** de toda a rede (escolhendo a dedo as melhores informações do Pinterest e do universo dos seus seguidores);
2. Você também deve **publicar conteúdo original** na forma de fotos, vídeos e qualquer outro tipo de imagem que seja incrível.

No Capítulo 8, "Cuidado e manutenção constante dos seguidores", vamos passar informações mais detalhadas sobre como ser o melhor curador de conteúdo possível, de um jeito que faça você conquistar a lealdade de seus seguidores. No momento, entretanto, vamos usar o próximo item para nos concentrar na segunda metade da equação de publicação no Pinterest: a de criar seu próprio conteúdo de alta qualidade para compartilhar nos painéis. Darei as ferramentas e as dicas para você criar um conteúdo visual que seja tão instigante que nem vai ser preciso distribuir pessoalmente. Seus fãs, leitores e seguidores vão cuidar disso por você!

As regras para colar ótimos pins são as seguintes:

- Suas imagens devem ser bonitas, interessantes e chamar a atenção.
- O ideal é postar fotos que sejam atraentes e bem-iluminadas. Se o seu plano é enviar ou pinar várias fotos suas, esse é um bom momento para se investir numa câmera SLR de alta qualidade. Lembre-se de que fotos de boa qualidade vão chamar mais atenção no Pinterest.
- Não deixe que as imagens fiquem grandes ou estreitas demais, nem pine nada com mais de 5 mil pixels. Isso é importante porque os botões de "Repinar" e "Curtir" ficam no alto de cada pin. Se um usuário tiver que rolar a barra só para ver a foto inteira, é muito improvável que ele volte a rolar a barra para cima só para repinar a imagem.
- Lembre-se de legendar as belas imagens que você criar com descrições que utilizem palavras-chave importantes, para que as pessoas possam

encontrá-las mais facilmente quando procurarem. Isso significa que você deve usar termos específicos e significativos para os seus clientes em potencial. Por exemplo, em vez de uma legenda dizer "nosso lindo buquê de primavera", use palavras específicas e escreva algo como "nosso lindo buquê de primavera *de rosas e hortênsias brancas*".

Aqui vão algumas ideias para se criar imagens interessantes e extremamente pináveis que os usuários vão querer compartilhar:

- **Imagens de bastidores da sua empresa, equipe e de como vocês trabalham.** Tire fotos das suas salas, fábricas ou dos edifícios da empresa e mostre aos seguidores como são os bastidores de onde e como você trabalha — e até das maneiras como *você mesmo* usa os seus produtos e serviços.
- **Fotos com textos.** Pense em fazer alguns banners para o seu blog ou site que sejam pináveis. Para isso, basta pegar uma foto nítida e atraente — de preferência, uma que tenha um espaço livre no qual você possa adicionar um texto legível — e então utilizar uma ferramenta de edição fotográfica para dar título à foto (confira o item "Ferramentas" no final deste capítulo para sugestões de programas de edição fotográfica). Quando bem-feitas, fotos com inscrições se dão muito bem no Pinterest. Pense em usar o título da postagem (se for interessante e chamar atenção), ou o que quer que você coloque normalmente no campo da descrição, e adicione esse texto direto na imagem. Certifique-se apenas de que o texto seja grande o suficiente e de que fique legível depois que você pinar. Veja a Figura 6.1 para ver o exemplo de uma foto com inscrição extremamente eficaz, usada pela blogueira Nester Smith.
- **Imagens da cidade onde fica a sede da sua empresa.** O BlogFrog (@blogfrog) tem um painel inteiro sobre a cidade de Boulder, no Colorado, que é onde fica seu escritório principal. Demonstra muita personalidade e ajuda as pessoas a conhecerem melhor a empresa. Tente fazer isso com a cidade-sede da sua empresa, mesmo que ela seja muito afastada dos principais centros urbanos; aliás, quanto

FIGURA 6.1 Uma das imagens mais populares e pinadas de Nester Smith (www.thenester.com, @nesters).

menos pessoas a conhecerem, mais interessante e exclusiva será a informação.

- **Fotos de eventos.** Dedique-se a tirar fotos nítidas e de boa qualidade dos eventos da sua empresa e a compartilhá-las no Pinterest. Essa é uma boa maneira de ajudar seus clientes atuais e potenciais a terem uma ideia de como sua empresa funciona e também de fornecer informações úteis e autênticas. Também ajuda muito a elevar o moral dos funcionários!
- **Mapas mentais.** As pessoas adoram mapas mentais porque eles proporcionam uma representação visual das ideias e de como elas estão interligadas e organizadas. É como ver a imagem de um brainstorm. Os mapas mentais têm um valor aparente muito alto por causa de nossa sede insaciável por novas ideias. Tente alavancar essa percepção utilizando mapas mentais como uma forma de conteúdo no seu blog, ou direto no Pinterest.

- **Infográficos.** Infográficos são representações visuais de dados ou de informações. Eles estão em alta atualmente e podem se dar muito bem no Pinterest. Como os infográficos têm a tendência de serem muito longos e compridos, pode ser um pouco difícil compartilhá-los no Pinterest, já que muitos têm mais de 5 mil pixels. Por isso, talvez você deva pensar em criar um gráfico menor que represente o infográfico e então criar um link dessa imagem para o infográfico inteiro.
- **E-books/capas de livros.** Se a sua empresa tiver uma pilha de capas de livros eletrônicos (e-books), gratuitas ou pagas, que possa compartilhar, elas também servem como um ótimo conteúdo no Pinterest. E, se você for o autor, você *realmente* deve pinar as capas dos seus livros! Se foi vendido no exterior, você também deve pinar as capas estrangeiras, para que as pessoas possam ver como é o livro em outras línguas.
- **Slides.** Se a palestra, aula ou evento da sua empresa incluir uma apresentação em slideshow, salve um dos slides como imagem e ponha no Pinterest também. Você pode criar um painel chamado "Workshops" e, se a sua empresa realizar vários tipos de seminários, você pode criar um painel para cada um.
- **Vídeos.** Se você tiver um canal no YouTube, ou dispuser de vídeos úteis ou interessantes circulando por aí, coloque-os no Pinterest! Vídeos são um ótimo conteúdo. Você pode pinar palestras ou workshops, depoimentos de clientes, além de vídeos promocionais. Veja a sua conta no Pinterest como um canal de vídeo independente, parecido com o do YouTube. A Blendtec (@blendtec), empresa que faz liquidificadores de alta qualidade, tem um painel de vídeos no Pinterest dedicado a receitas para sopas, molhos, sucos e outras coisas que habitualmente são feitas em liquidificador.

E aqui vão algumas ferramentas que podem ajudá-lo a criar imagens e vídeos de qualidade:

- **PicMonkey** (www.picmonkey.com). Trata-se de uma ferramenta bem simples para criar belas fotos com textos e outras imagens próprias para serem pinadas. O endereço a seguir leva a um vídeo que ensina a fazer uma bela foto com textos utilizando o PicMonkey: youtu.be/L_RqRRgwKTQ.

- **Share As Image** (www.shareasimage.com). Uma solução excelente para um problema comum. O que fazer quando um blog ou site que você deseja pinar não dispõe de uma imagem ou vídeo pináveis? Você destaca o texto que gostaria de pinar, clica nesse botão no seu navegador e o ShareAsImage vai criar uma bela imagem com o texto que você selecionou. Comprar a versão profissional do ShareAsImage lhe dará mais opções para mudar as cores e as fontes das letras.
- **Ferramentas para os mapas mentais.** O iMindMap é a minha ferramenta favorita, porém o XMind e o MindMeister também são ótimas escolhas. Procure um programa que seja fácil de usar e que se ajuste ao seu processo natural de realizar um brainstorm e organizar conteúdo. E certifique-se de utilizar uma ferramenta que permita que você exporte o mapa final no formato jpeg ou em algum outro arquivo de imagem, para poder usá-lo facilmente no seu blog ou enviá-lo para um painel no Pinterest.
- **Screenflow (Mac) e Camtasia (PC).** Essas são as minhas ferramentas favoritas para criar vídeos. Elas permitem que você crie vídeos no seu computador gravando o que está fazendo na tela, ao mesmo tempo em que fornece uma narração para o vídeo. Excelente para vídeos de tutoriais e conteúdos semelhantes.
- **Hipstamatic (aplicativo para iPhone).** Esse aplicativo permite que você crie todo tipo de efeito especial com as fotos do seu iPhone. Soube que, com ele, *qualquer coisa* fica com uma cara melhor. Se você costuma usar o seu iPhone para tirar fotos com frequência, experimente.
- **Infográficos.** Se você realmente estiver interessado em usar infográficos na sua empresa, recomendo que trabalhe com um escritório de design especializado nessa área. Se encontrar na internet um infográfico que você realmente adorou, descubra quem o criou e, quando estiver trabalhando com o escritório de design para criar uma imagem parecida, descreva com clareza o que você deseja e quem é o seu público-alvo.

Seu plano de ação

- Comece a criar um acervo de conteúdo no Pinterest com fotos de eventos, slideshows, fotos com textos e assim por diante. Lembre-se de que o conteúdo sempre deve ser claro, interessante e instigante. Fotos de boa qualidade são imprescindíveis.
- Pesquise ou baixe algumas das ferramentas listadas no fim deste capítulo para ajudá-lo a criar um belo conteúdo.
- Comece um canal no YouTube (se já não tiver um) para compartilhar os vídeos da sua empresa, e crie um painel de vídeos no Pinterest.

Fazendo seu conteúdo ser compartilhado

Como aperfeiçoar seu site para ele ser pinado

À medida que o Pinterest vai crescendo, você pode apostar que vai haver um número cada vez maior de "pinadores" navegando pela internet, à procura de bons conteúdos para adicionar aos seus painéis. Este capítulo vai ensiná-lo a aperfeiçoar as postagens de seu blog e de suas páginas na rede para que os usuários do Pinterest se sintam à vontade na hora de pinar seu conteúdo.

Lembre-se de que quanto mais pessoas pinarem seu conteúdo, mais tráfego isso irá gerar para o seu site. Portanto, você deve aplicar todos os esforços para estender o tapete de boas-vindas para os pinadores. Aqui vão algumas dicas bem simples que você pode utilizar para ajustar seu site ou blog para o Pinterest.

Adicionando imagens ao conteúdo do seu site

A coisa mais importante que você deve fazer para tornar o seu site mais amigável para os usuários do Pinterest é incluir uma (ou várias) imagens em cada blog ou página que você publicar. Se você publicar uma postagem sem imagem, ela não poderá ser compartilhada no Pinterest. Simples assim. O conteúdo visual significa realmente *tudo* para os pinadores! Portanto, se você tiver um ataque de preguiça na hora de adicionar imagens, lembre-se de não colocar uma imagem em sua postagem significa que ninguém irá piná-lo.

Lembre-se também de que quanto mais bonita, interessante ou instigante for a imagem, mais ela será pinada. As imagens que mais encantam os usuários do Pinterest são as poderosas, divertidas e emocionantes — isso é algo que você deve sempre lembrar na hora de escolhê-las. A boa notícia é que imagens interessantes também funcionam bem com os leitores regulares do seu blog, de modo que colocar fotos no blog também vai aumentar o tráfego dele. Todos os tipos de conteúdo visual que abordamos no Capítulo 6 — fotos da equipe, vídeos de bastidores, mapas mentais etc. — são ótimos exemplos de imagens para blogs.

Também gosto muito de comprar fotos em acervos para o meu blog ou site. Existem muitos sites de arquivos fotográficos dos quais você pode comprar belas imagens e adquirir licenças (sem pagar royalties) que permitem que você as utilize em seu blog. Entre os meus favoritos estão a iStockPhoto e a Shutterstock.com. Contudo, antes de utilizar qualquer imagem de acervo em seu site — e incentivar as pessoas a piná-la —, você deve conferir os termos de serviço do site para ter certeza de que eles concordam quanto ao uso das imagens no Pinterest.

As regras dos sites de arquivos fotográficos estão sofrendo alterações neste momento. Embora esses sites provavelmente venham a querer pegar carona no Pinterest logo, logo, por enquanto vale a pena conferir duas vezes os termos de serviço — só para não dar um tiro no pé.

Você também deve pensar em atualizar as imagens mais antigas de seu blog, ou voltar às postagens mais antigas e acrescentar fotos às que não têm. Nunca se sabe quando uma postagem antiga pode ganhar impulso no Pinterest, portanto é bom garantir que toda postagem arquivada — mesmo aquelas que já têm muitos anos — esteja publicada com uma imagem instigante.

Nester Smith, que possui um blog de decoração para o lar chamado The Nesting Place [Lugar de repouso] (thenester.com), descobriu por experiência própria que precisava prestar atenção às postagens mais antigas — e que, sur-preendentemente, elas podem ser uma fonte consistente (e lucrativa) de tráfego para o seu site. Em setembro de 2011, Smith percebeu que coisas meio estra-nhas estavam acontecendo em seu blog. As vendas de empresas afiliadas de um livro eletrônico que ela promovia no site tinham dobrado praticamente de um dia para o outro. Quando ela foi investigar de onde saíram todas aquelas vendas, descobriu que uma postagem antiga — escrita 18 meses antes e que contava uma história pessoal, com um link para o livro eletrônico — tinha se tornado viral no Pinterest. Os usuários estavam mandando uma avalanche de tráfego para o seu site, e o resultado era a venda crescente do e-book.

E o tráfego continuou. No mês de novembro de 2011, os usuários do Pinterest geraram 22 mil visitas àquela postagem. E as vendas de Smith continuaram a crescer. Aliás, as vendas do tal e-book contabilizam, sozinhas, mais de US$500 por mês enquanto escrevo este livro.

Moral da história: nunca se esqueça das suas postagens mais antigas. Nunca se sabe quando um velho artigo ou página da internet vai ganhar vida nova no universo do Pinterest!

Anuncie sua presença no Pinterest

Depois de ter aberto a conta no Pinterest e publicado alguns pins e painéis, certifique-se de que os usuários do seu site saibam que você está no Pinterest. Você pode colocar um botão em seu site/blog com a frase "Siga-me no Pinterest" para anunciar que você é um pinador. Pode usar o botão gratuito que o Pinterest disponibiliza no site deles (confira todos os brindes que o Pinterest lhe dá em pinterest.com/about/goodies), ou pode pedir ao seu webdesigner para criar um botão do Pinterest especialmente para você.

Onde você deve anunciar que está no Pinterest? Eu recomendaria três lugares principais:

1. Colocar o botão numa das barras verticais do seu blog (aquelas que ficam nas laterais).
2. Integrar o botão em seu banner.
3. Incluir o botão junto com os links para Facebook, Twitter e YouTube, como se vê na Figura 7.1.

Independente de onde quiser colocá-lo, o importante é fazer com que o botão do Pinterest esteja visível para quem acessar o seu site. Não faça com que as pessoas tenham de ficar procurando em toda parte pelo link que vai levá-las aos pins e aos painéis. Facilite a vida delas o máximo possível!

FIGURA 7.1 Opções de botões do Pinterest.

Um conselho especial para blogueiros que utilizam o WordPress

Se você hospeda seu blog ou site no WordPress, sorte sua. O WordPress tem algumas ferramentas bem interessantes para o Pinterest, que tornam o seu site ainda mais fácil de ser pinado.

Widget RSS para o Pinterest

Você pode apresentar imagens na forma de miniaturas dos pins mais recentes, na barra lateral do seu site, usando um widget RSS para o Pinterest. Cada miniatura

FIGURA 7.2 Um widget para utilizar o Pinterest no WordPress, gerado por RSS.

serve como um link direto para a URL do respectivo pin, o que pode ajudá-lo a conseguir mais seguidores e fazer com que os visitantes do seu site se relacionem com você pelo Pinterest — além de ser um belo acessório para o site. Você pode obter o widget RSS para o seu site instalando o seguinte plugin do WordPress, exibido na Figura 7.2 (www.wordpress.org/extend/plugins/pinterest-rss-widget).

Botão "Pinar"

Como dono de um site no WordPress, você também conta com uma maneira fácil e rápida de adicionar um botão de "Pinar" no rodapé de qualquer postagem (Figura 7.3). Esse botão permite que seus leitores compartilhem de forma fácil e rápida seu conteúdo no Pinterest. Há duas opções de plugins para esses botões:

1. O botão "Pinar" (www.pinterestplugin.com) instala um botão que diz simplesmente "Pin it" no rodapé de todas as suas postagens. Seus leitores poderão clicar e pinar qualquer imagem da sua postagem para um dos painéis deles.
2. Um botão de nome e aspecto parecidos, chamado "Pin It on Pinterest" [Pine no Pinterest], mas que além disso dá a contagem de quantas pessoas pinaram a sua postagem. Esse plugin oferece a opção de selecionar a imagem da sua postagem que será pinada quando os leitores clicarem no botão, e permite que você escreva a descrição do pin. Os leitores terão

FIGURA 7.3 Uma postagem com opções de compartilhamento pelas redes sociais no rodapé, incluindo o importantíssimo botão de pinar.

a possibilidade de, se quiserem, mudar a descrição; no entanto, muitos vão simplesmente deixar a descrição que você fez. Essa pode ser uma boa oportunidade de se fazer uma menção sutil ao nome da sua empresa, dar mais informações sobre o produto que aparece no pin ou se conectar com os usuários do Pinterest. Disponível em: www.flauntyoursite.com/pin-it-on-pinterest.

Rodapé visual para postagens

Você pode acrescentar um artifício visual no rodapé da postagem, que orienta o leitor a conferir as publicações mais antigas que tenham relação com a atual. Esse plugin tem o nome de LinkWithin (www.linkwithin.com/learn); quando instalado, ele acrescenta um rodapé, com imagens de postagens antigas, à que você postou agora. Cada miniatura no rodapé serve de link para uma postagem mais antiga, e o LinkWithin apresenta essas publicações anteriores procurando palavras-chave que apareçam no texto do artigo. Se você tiver imagens instigantes nessas postagens, as pessoas vão seguir os links, conferir as postagens e colar as imagens nos painéis delas.

Agora que o seu site está pronto e arrumado para os usuários do Pinterest, vamos falar um pouco sobre como alimentar as relações que você está desenvolvendo com os outros usuários.

Seu plano de ação

- Adquira o hábito de adicionar imagens em todos os seus artigos ou postagens, em seu site ou blog. Procure bancos de imagens para obter fotos de boa qualidade (mas certifique-se antes de que poderá usá-las no Pinterest).
- Atualize suas postagens ou arquivos mais antigos com imagens interessantes e fáceis de serem pinadas.
- Instale um botão ou uma faixa de "Siga-me no Pinterest" em seu site, e não se esqueça de colocá-los num lugar bem visível.
- Instale um botão de "Pinar" no rodapé de todas as páginas do seu site, ou em cada postagem de seu blog, para que os leitores possam pinar o seu conteúdo facilmente.

8

O cuidado e manutenção constante
dos seguidores

Já discutimos no Capítulo 5 as questões mais básicas na hora de se conectar aos demais usuários do Pinterest. Mas como você pode se ligar mais profundamente aos seus fãs e seguidores, a ponto de despertar neles um forte sentimento de lealdade? É disso que vamos tratar neste capítulo.

A chave para cuidar dos seus seguidores no Pinterest é alavancar aquilo que Tara Hunt chama de *whuffie*. É o que ela explica no livro O poder das redes sociais: como o Fator Whuffie — seu valor no mundo digital — pode maximizar os resultados de seus negócios:

> Whuffie *é o saldo — a moeda — da sua reputação. Ele pode aumentar ou diminuir dependendo das suas ações positivas ou negativas, suas contribuições para a comunidade e o que os outros pensam de você. A medida do seu* whuffie *é ponderada de acordo com a sua interação com as pessoas e a comunidade. De modo que, por exemplo, [meu* whuffie *é mais alto] no meu bairro, onde desenvolvi uma bela reputação de ajudar os outros, do que quando eu me desloco até outro bairro, onde ninguém me conhece.*

Quando for usar o Pinterest, é importante ter em mente que você está criando sua moeda social à medida que publica conteúdos novos e interage com os demais usuários. Você tem que encontrar um equilíbrio constante na hora de promover seu material e ao publicar boas fontes, links e imagens.

Pense em seu *whuffie* como se fosse uma conta bancária: você precisa fazer depósitos constantemente, de modo a ter algum dinheiro na hora em que precisar fazer um saque. Se tudo o que você fizer for um saque após o outro, vai se descapitalizar *rapidinho*.

As empresas e as marcas que estão no Pinterest e que vivem pinando endereços para os seus próprios sites não vão gerar um bom *whuffie* — e, consequentemente, não vão ter campanhas de pinagem bem-sucedidas. Mas, se o usuário mantiver um bom equilíbrio entre a colagem de imagens promocionais e outros tipos de conteúdo, terá encontrado o segredo para um bom *whuffie*.

Não existe uma fórmula mágica para o sucesso no Pinterest, assim como não há uma equação ou algoritmo que seja garantia de sucesso no Twitter ou no Facebook. Mas se você mantiver o cliente ideal sempre na cabeça (lembre-se das ideias e sugestões do Capítulo 3), vai desenvolver um olho clínico para saber quando sua autopromoção passou dos limites. Quando estiver olhando os painéis, ponha-se no lugar de seu cliente ideal. Pergunte-se: "Será que eu gostaria de ficar olhando um pin depois do outro, só de anúncios, cupons e outras promoções? Ou será que eu não gostaria de ver imagens interessantes, recursos cativantes e fotos que me inspirem? Será que eu não gostaria de ver um tipo de conteúdo que me fizesse confiar na pessoa que o estivesse publicando?"

Conquiste a confiança dos seus clientes, aumente o seu *whuffie* e você perceberá que o seu público vai começar a conhecê-lo melhor, gostar de você e confiar mais na sua marca.

Há muitos passos que você pode dar para aumentar sua moeda social e cuidar dos seus seguidores no Pinterest.

Tire um tempo para interagir de maneira genuína com as pessoas

Nos capítulos anteriores, discutimos sobre várias maneiras de interação com os demais usuários do Pinterest. Certifique-se de sempre usar essas técnicas de uma maneira apropriada. Você também vai querer cuidar das listas de assinantes que vêm do Pinterest, enviando-lhes *conteúdo de qualidade* todo mês. Não fique mandando spam para os assinantes, nem venda os e-mails deles para pessoas ou empresas que queiram utilizá-los para isso.

Esteja aberto para feedbacks

Permita que seus clientes enviem ideias e que expressem uma opinião sobre seu conteúdo on-line — sobre o que você publica no Pinterest, em seu site e nas outras redes sociais. Pergunte-lhes sobre o seu ramo de atividade. Do que eles gostam? O que eles odeiam? O que facilitaria a vida deles?

Já vi blogs extremamente bem-sucedidos (no Copyblogger, no Problogger e em outros sites) perguntarem aos leitores o seguinte: "Qual é a principal pergunta que você tem sobre as redes sociais, os blogs ou o marketing de conteúdo?" Uma postagem assim, publicada no Copyblogger, recebeu mais de trezentas respostas! Lembre-se de que seus leitores querem dizer o que pensam e o que os incomoda. Eles querem ser ouvidos.

Pense em distribuir uma postagem semelhante pelo Pinterest (ou no seu blog, com link para seus pins e painéis). Peça que as pessoas mandem perguntas, pedidos de informação ou qualquer problema que as aflija, permitindo que você compreenda melhor como é a vida delas. Se quiser aumentar a aposta um pouco mais, você sempre poderá oferecer um prêmio a alguns comentaristas selecionados aleatoriamente, como meia hora de consultoria grátis ou algum tipo de brinde. Essa pode ser uma técnica excelente para atrair novos clientes, assim como para obter informações preciosas sobre que tipo de problema as pessoas estão enfrentando.

E, depois, utilize bem essas informações para formatar suas estratégias de negócios. Utilize-as como material para novas postagens em seu blog, painéis do Pinterest, produtos novos, workshops ou relatórios de atividade. Quando seus clientes atuais e potenciais souberem que você compreende de verdade os problemas deles — e que está dando o melhor de si para ajudá-los —, vão acabar comprando tudo o que você colocar no mercado.

Aceite o caos

Um dos maiores temores que as empresas têm quando começam blogs, páginas no Facebook ou contas no Twitter é perder o controle do que se conversa publicamente. Ficam horrorizadas com o que as pessoas vão dizer em seus sites e redes sociais.

Realmente, não há como escapar disso. De muitas maneiras, *perde-se mesmo* o controle das conversas. Mas pense nisso de outro jeito: goste disso ou não, o fato é que as pessoas *estarão* comentando na internet sobre a sua empresa. Não é melhor saber o que as pessoas estão comentando (para o bem ou para o mal), de modo que você possa responder a elas, do que tapar os ouvidos e fingir que ninguém está falando nada?

A chave para se relaxar nas mídias sociais é aceitar o caos. Os sites de relacionamento como o Pinterest não são feitos para se tentar manter o controle de todas as imagens, todos os comentários, ou de qualquer coisa que se escreva na internet. O fato é que neles você delega uma parte do controle da informação aos clientes. E é perfeitamente possível que as pessoas façam comentários de que você não vai gostar. Mas, se os usuários dos seus produtos estiverem reclamando de você, não é melhor enfrentar o problema diretamente e responder? Para mim, seria!

Se as pessoas tiverem reclamações genuínas sobre sua empresa e você as encontrar no Pinterest... entre em contato com elas! Responda, peça desculpas pelo erro ou problema e pergunte o que você pode fazer para resolver a questão. Não ignore o retorno negativo! Encarar os fatos é *sempre* melhor do que fingir que você não está vendo problema algum.

Agilidade e flexibilidade são características fundamentais para qualquer empresa que deseje construir uma comunidade através das redes sociais. Portanto, trate de respirar fundo, afrouxe as rédeas um pouquinho e prepare-se para surfar nas ondas malucas da interatividade da internet.

Veja mais sugestões para se relacionar com os seguidores no Capítulo 11, e utilize-as como ponto de partida para um brainstorm pessoal. Você e sua equipe conhecem seu público melhor do que ninguém, por isso serão capazes de ter ótimas ideias sobre como interagir com seus seguidores no Pinterest e seus fãs em outros sites da internet.

Engajar-se com as pessoas através dos pins vai permitir que você tenha uma ideia melhor do que está fazendo. Nada é pior do que publicar um monte de conteúdo de excelente qualidade e sentir que ninguém está prestando atenção. É como se você estivesse gritando no vácuo. Quando as pessoas comentam e interagem com você, isso acaba lhe dando mais motivação para ir em frente!

Como conseguir mais seguidores no Pinterest

Muitas sugestões que aparecem neste livro vão ajudá-lo a construir, de maneira natural e orgânica, um número de seguidores no Pinterest. Lembre-se de que a qualidade do seu público nesse site é muito mais importante do que a quantidade em si. Mas, se estiver procurando maneiras proativas de aumentar sua lista de seguidores, aqui vão cinco ideias:

1. **Siga outros usuários.** Parece muito óbvia, mas certamente é a maneira mais simples e rápida de aumentar seu número de seguidores. Muitas pessoas que você seguir também vão segui-lo. Isso sozinho já vai fazer seu número de seguidores crescer.
2. **Pine regularmente.** Se você acrescentar novos pins diariamente, mais pessoas irão segui-lo, já que mais gente irá repinar, curtir e fazer comentários sobre o seu conteúdo. Portanto, separe um pouquinho de tempo a cada dia para pinar.
3. **Esteja sempre procurando (e pinando) conteúdos novos e interessantes.** Quanto mais original você for, mais seguidores terá. Portanto, faça um esforço extra para encontrar mais coisas para pinar (do seu site e de outras fontes na internet), em vez de apenas repinar os outros.
4. **Associe seu perfil no Pinterest às contas que você tiver nas redes sociais** (como o Facebook ou o Twitter). Veja mais detalhes no Capítulo 9.
5. **Faça concursos.** Pessoalmente, não sou uma grande fã de usar essa tática *o tempo todo*, mas ela realmente pode aumentar o seu número de seguidores. Prefiro que as empresas aumentem o número de seguidores pouco a pouco, publicando conteúdo de excelente qualidade, mas acho que, de vez em quando, dá para fazer algum tipo de concurso. Veja no Capítulo 11 maiores informações sobre como organizar um concurso pelo Pinterest.

Curadoria

Uma maneira eficaz de tratar bem os seus seguidores, passar-lhes ótimas informações e conquistar sua confiança é se tornando o curador do melhor conteúdo em seu campo de atividade e apresentá-lo de maneira organizada, instigante e de fácil compreensão.

O que é ser curador de conteúdo? Beth Kanter, da BethKanter.org (@kanter), consultora de redes sociais para ONGs criativas, dá a seguinte definição:

Ser curador de conteúdo significa vasculhar a enorme quantidade de conteúdo existente na internet e apresentá-lo de maneira organizada e significativa, em torno de um tema específico. É um trabalho que envolve pesquisar, selecionar, arrumar e publicar informações. Um curador de conteúdo escolhe a dedo aquilo que é mais relevante e importante para compartilhar com sua comunidade. Nada muito diferente do que o curador de um museu faz para realizar uma mostra: ele define um tema, estabelece o contexto, decide que quadros vai pendurar nas paredes, como devem ser identificados e de que maneira devem ser apresentados ao público.[1]

Ser curador de conteúdo significa, portanto, que você tem que selecionar o melhor que houver na internet — as imagens, os recursos, as inspirações e as ideias mais instigantes — e organizar tudo de uma maneira bem-elaborada e bem-apresentada para beneficiar seu público principal. Você escolhe o melhor conteúdo que estiver aprendendo, pesquisando e colecionando, embala tudo e presenteia seus leitores e seguidores.

E então, o que tudo isso tem a ver com o Pinterest? O modelo desse site oferece a flexibilidade para criar grupos de conteúdo organizados pelo assunto que você quiser e elaborar belas colagens para as pessoas saborearem, se divertirem e aprenderem com elas. O Pinterest oferece uma base visual encantadora, com a qual você poderá erguer seu museu de ideias e pensamentos cuidadosamente selecionados.

Atividades diferentes são confiadas a curadores diferentes, e todo painel do Pinterest pode se transformar numa minicoleção de conteúdo organizado. Jodi Ettenberg (@jodiettenberg) é uma ex-advogada que no momento viaja (e frequenta restaurantes) pelo mundo. Jodi é curadora de informações sobre o espaço num painel superbacana chamado "Space is Awesome" [O espaço é demais]. Ela utiliza esse painel para colecionar imagens do espaço sideral, da aurora boreal, das estrelas e da Lua. O resultado final é uma coleção visualmente impressionante de fotos que dão prazer de apreciar e conhecer.

Assim sendo, que painéis você poderia criar para os seus clientes ideais?

Digamos que você administre um abrigo para animais e queira criar painéis diferentes para os amantes de gatos, cachorros e coelhos que estão em busca das melhores informações possíveis sobre seus bichinhos favoritos. Você pode, com o maior cuidado, selecionar apenas as melhores ideias para adestrar um cachorro,

---

[1] www.bethkanter.org/content-curation-101.

os melhores recursos para construir uma casinha de coelho e as melhores maneiras de impedir que um gato fique desanimado num apartamento de cidade grande. Ao cultivar esses painéis de maneira diligente e acrescentar pins diariamente, os amantes de animais vão começar a crer que você tem o conteúdo mais confiável, atual e bem-selecionado sobre esses assuntos.

Com prática e buscando sempre a excelência, você vai acabar sendo considerado um expert, alguém digno de confiança. E eu não consigo pensar em nenhuma maneira melhor de se criar um grupo de seguidores do que cuidar dos seus fãs desse jeito.

Portanto, em vez de pensar em pins individuais — e ficar se preocupando se deve ou não pinar uma imagem específica no painel de sua empresa —, veja a si mesmo como um curador inteligente, informado e que sabe escolher o que colocar e o que não colocar em seu "museu" na internet. Deixe a comunidade entrar para ver o melhor que você reuniu para ela. Pela qualidade da sua mostra, ela vai poder dizer o quanto você foi cuidadoso na hora da seleção. Vai visitar o "museu" porque quer aprender com você. Ela quer parar de avaliar minuciosamente a constante avalanche de informações novas que aparecem na internet e decidir o que é e o que não é importante para ela. Ela confia que você irá dizer quais são as melhores e mais importantes informações sobre determinado ramo de atividade.

O Pinterest lhe dá acesso a todas essas possibilidades e permite que a sua habilidade em se tornar um filtro e catalisador de informações possa transformá-lo numa pessoa extremamente valiosa e procurada em seu campo de atuação.

O blogueiro Robin Good, da www.masternewmedia.org, postou esse comentário sobre por que ser curador de conteúdo é importante:

> *Num mundo onde a atenção se tornou tão escassa a ponto de ser tão valiosa quanto dinheiro, e onde informação de qualidade sobre um determinado assunto exige cada vez mais tempo e energia para ser encontrada, o valor que [a curadoria] proporciona àqueles com a capacidade de organizar, selecionar, compilar e publicar as melhores informações sobre um determinado assunto é incomensurável.*[2]

---

[2] www.masternewmedia.org/content-curation-why-is-the-content-curator-the-key-emerging-online-editorial-role-of-the-future/#ixzz1p97SopNW.

Preocupar-se em ser um bom curador na hora de usar o Pinterest tem o enorme potencial de aumentar o número de seguidores da sua empresa (o que acabará sendo útil também do ponto de vista financeiro, gerando mais clientes interessados e mais vendas). E, além disso, pode acabar ajudando a atrair, para os seus painéis e pins, uma poderosa comunidade de pessoas que pensam como você. Sean Carton, do blog de redes sociais ClickZ (www.clickz.com), afirma o seguinte:

> *É o papel da "comunidade" que está no cerne de toda a questão de se tornar um curador, além de ser o elemento mais poderoso na hora de administrar o conteúdo de maneira a gerar tráfego e atenção para os seus esforços de marketing. Assim como um museu com uma ótima mostra irá, certamente, atrair pessoas de mentalidade semelhante, um conteúdo bem-gerido na internet também dispõe do potencial de atrair (ou criar) uma comunidade de pessoas que curtem as mesmas coisas.*[3]

Aqui vão alguns exemplos de grandes curadores presentes nas páginas do Pinterest:

Beth Kanter: @kanter

Jodi Ettenberg: @jodiettenberg

Kelby Carr: @kelby

Pinterest for Business: @pinterestbiz

HubSpot: @hubspot

Mikinzie Stuart: @mikinziestuart

E aqui vai uma dica de Rex Sorgatz, do site fimoculous.com, para sempre ter em mente quando você começar a se tornar um curador de conteúdo para o seu público: "O papel do curador é encontrar as coisas mais interessantes em meio a uma quantidade absurda de informações vinda de todos os lados."

---

[3] www.clickz.com/clickz/column/2104954/content-curation-king.

Para maiores sugestões e ideias sobre curadoria de conteúdo, entre no site www.bethhayden.com e baixe o material complementar deste livro (em inglês).

Agora que você já entendeu como tratar bem os seus seguidores (e aumentar a quantidade de gente que o segue no Pinterest), passemos a falar sobre a relação simbiótica entre o Pinterest e as outras redes sociais.

Seu plano de ação

- Interaja genuinamente com as pessoas no Pinterest — aceite o feedback, participe das discussões e escute o que seus clientes ideais estão dizendo.
- Utilize o feedback e as ideias que receber pelo Pinterest para dar forma ao conteúdo de seu blog, canal do YouTube, página do Facebook, do Twitter e do próprio Pinterest.
- Gerencie, de maneira consistente e bem-pensada, um conteúdo extraordinário para os seus seguidores no Pinterest e as outras pessoas que o acompanham na internet.

Twitter, Facebook e seu blog

Como o Pinterest interage com eles

O Pinterest pode ser uma ferramenta fantástica para publicar conteúdo em conjunto com outras redes sociais, aí incluídos o seu blog e suas contas no Twitter e no Facebook. Felizmente para os usuários, os criadores do Pinterest tiveram um monte de ideias inteligentes para integrar a plataforma desse site com as outras mídias sociais, de modo que há muitas maneiras de incorporar seus pins a qualquer coisa que você estiver fazendo on-line.

Este capítulo trará minhas melhores dicas para integrar seu perfil no Pinterest a suas outras plataformas nas redes sociais.

Estratégia para redes sociais

Vale a pena recapitular a sua atual estratégia nas redes sociais antes de começar a integrar a conta no Pinterest aos outros perfis que você mantém. Guarde sempre os princípios que cobrimos no Capítulo 3, fazendo perguntas do tipo: "Quem você quer atrair para fazer negócios com a sua empresa?", "De que maneira, exatamente, você deseja fazer isso?". É importante manter uma estratégia consistente de mensagens e de atração de clientes em todas as redes sociais em que estiver presente.

Nesse caso, então, o que você anda fazendo nas contas que tem no Twitter, no Facebook e no LinkedIn, para se ligar aos clientes e ter um bom relacionamento com eles? Veja como está ganhando tração com seus clientes nessas redes sociais e tente reproduzir as mesmas táticas ao utilizar o Pinterest. Mandar uma mensagem sem pé nem cabeça para um cliente em potencial vai atrapalhar muito mais do que ajudar. Portanto, procure descobrir o que funciona nas suas atividades nas redes sociais — e o que não funciona — na hora de decidir como o Pinterest vai se encaixar em tudo isso.

Nesse sentido, é sempre bom mostrar personalidade em seus pins! A blogueira de viagens Jodi Ettenberg (@jodiettenberg) simplesmente adora marshmallow, fato que ela ressalta tanto na conta que mantém no Twitter, quanto na do Pinterest. Neste último, ela tem um painel (cogerenciado com três outros usuários) chamado "For Marshmallow Enthusiasts" [Para amantes de marshmallow], que exibe imagens engraçadas, esquisitas e aparentemente deliciosas dessas maravilhas açucaradas (Figura 9.1). Esse painel combina perfeitamente com a voz e a marca que ela tem na internet, porque o site dela e toda a sua presença nas redes sociais se baseiam em sua personalidade aberta e divertida. As pessoas seguem Jodi porque gostam *dela*.

Marshmallow funciona bem para a Jodi. O que você poderia encaixar na sua estratégia de redes sociais que ajudaria a exibir sua personalidade e atrair mais seguidores para o seu mundo?

FIGURA 9.1 O painel curioso e divertido que Jodi Ettenberg criou para os amantes de marshmallow.

Dicas gerais na hora de compartilhar os pins

O Pinterest é estruturado de maneira a permitir que você curta (no Facebook), tuíte ou mande por e-mail qualquer pin — seja ele seu ou de outra pessoa. Basta clicar em qualquer pin específico dentro de um painel e você verá uma versão ampliada dele. Do lado direito do pin, encontrará algumas opções para compartilhá-lo nas redes sociais.

Para qualquer pin, você sempre dispõe das seguintes opções:

- **Like** — *Curta esse pin no Facebook*. A princípio, ao utilizar essa opção, você publica uma miniatura do pin para os seus seguidores no Facebook (junto com um link para ele), mas, ao testá-la pessoalmente, verifiquei que nem sempre isso acontece. Você pode ver que curtiu a postagem no Facebook olhando para o pin, mas às vezes ele não aparece na sua linha do tempo.
- **Tweetar** — *Tuíta um link que direciona para o pin, através da sua conta no Twitter*. Isso inclui uma descrição do pin no tuíte (ou pelo menos o que cabe da descrição no espaço de 140 caracteres — passando desse número, o Twitter corta o excedente da descrição).
- **Incorporar** — *Permite que você incorpore o pin na postagem de um blog ou numa página da internet*. Vamos falar sobre isso mais adiante, neste capítulo.
- **Denunciar pin** — *Denuncia o pin ao Pinterest para ele ser reavaliado*. Comunica ao Pinterest que o pin é impróprio ou que viola as regras de direito autoral do site.
- **E-mail** — *Permite que você mande por e-mail um link para um pin*.

A possibilidade de adotar quaisquer dessas ações com qualquer pin já abre muitas opções para compartilhar um pin nas várias redes sociais. Se encontrar um conteúdo no Pinterest que seja interessante ou educativo para seus seguidores do Twitter ou do Facebook, será fácil compartilhá-lo com essas opções. Procure oportunidades para publicar o melhor conteúdo do Pinterest para os seus seguidores utilizando esses métodos de compartilhamento.

Quatro maneiras de utilizar o Pinterest com a sua conta no Facebook

O Pinterest instalou várias ferramentas que funcionam com o Facebook. Isso significa que há muitas maneiras de se alavancar os pins no universo do Facebook.

1. **Conecte o Pinterest com sua linha do tempo no Facebook.** No Capítulo 2, discutimos como você pode vincular sua atividade no Pinterest com seu perfil no Facebook. Ao tomar essa decisão (na configuração do perfil), você integra sua conta no Pinterest com sua linha do tempo no Facebook. Isso quer dizer que qualquer conteúdo que você pinar no Pinterest também será publicado no perfil que mantém no Facebook. E não se preocupe em importunar seus amigos com publicações constantes de pins individuais. As imagens ficam agrupadas, de modo que o Facebook vai publicar várias de cada vez, numa coleção.

2. **Curtindo painéis do Pinterest.** Você também pode curtir os painéis individuais dos demais usuários. Basta clicar no painel e no botão curtir sob o título. Será solicitado que você adicione um comentário, que será publicado no Facebook junto com o link para o painel do Pinterest. Curtir painéis desse jeito pode ajudar muito seu negócio, porque permite que você compartilhe séries inteiras de informações e imagens úteis com o público que você já tem no Facebook (além de inserir seus comentários sobre por que as coleções são interessantes).

3. **Publique pins em sua página comercial no Facebook.** No Capítulo 2, falei que não há uma maneira de sincronizar a página da sua empresa no Facebook com seu perfil no Pinterest, de modo que os pins sejam automaticamente postados no Facebook. Entretanto, há um jeito que lhe permite publicar manualmente os seus pins na página do Facebook, quando, ao pinar, estiver utilizando o botão do Pinterest no seu navegador.

Antes de pinar uma imagem nova, entre na sua conta no Facebook e clique no menu vertical ao lado da aba "Página inicial", no canto superior direito da tela. Você vai ver várias opções para usar o Facebook como uma página, em vez de como uma pessoa (Figura 9.2).

FIGURA 9.2 Como usar o Facebook como sua página no Pinterest (o que é muito bom para obter mais seguidores e se relacionar com os outros usuários do Facebook).

Depois de selecionar a página de sua empresa, volte à imagem que gostaria de pinar. Então, como falamos no Capítulo 4, você poderá usar o marcador para pinar a imagem. Selecione o painel em que gostaria de pinar a imagem, adicione uma descrição e clique em "Pinar". Você vai ver uma janela pop-up se abrir por alguns segundos depois de pinar a imagem. Essa janela simplesmente oferece algumas opções para compartilhar o mesmo pin em outras redes sociais. Você terá as opções de ver o pin, tuitá-lo ou compartilhá-lo no Facebook.

Quando estiver logado na sua página comercial no Facebook e utilizar essa opção, o Pinterest vai postar o pin direto no mural da página da sua empresa, como vemos na Figura 9.3.

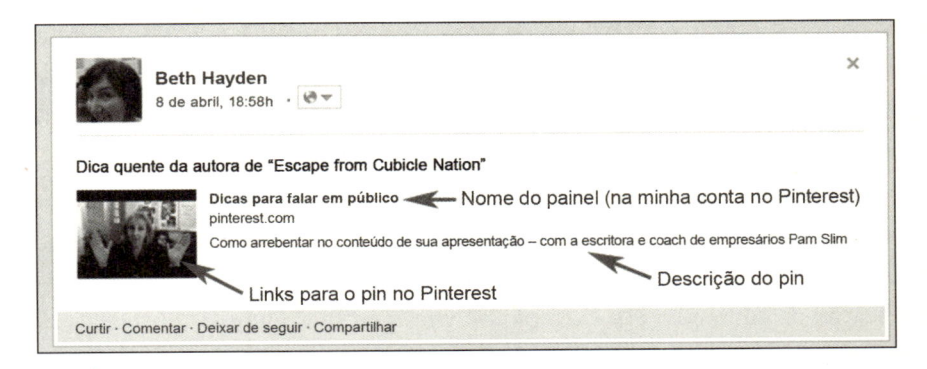

FIGURA 9.3 É assim que um pin aparece ao ser compartilhado no Facebook. Você pode compartilhar um pin na sua conta pessoal ou na página de sua empresa.

Além disso, você sempre poderá pinar na sua página pessoal. Tudo depende do público com o qual você deseja compartilhar o conteúdo.

Gosto de compartilhar meu blog e os pins das minhas contas pessoais no Pinterest e no Facebook na página da minha empresa. Se achar que uma imagem, vídeo ou link vai ser interessante ou estimulante para os meus seguidores, posto na minha página. Mas se o pin que desejo colocar no Facebook se referir a modas de verão, filhotes de lontras ou receitas, aí eu só vou compartilhar na minha página pessoal. Geralmente, só compartilho alguma coisa com o público da minha empresa se achar que é algo que a minha comunidade profissional vá curtir, e me restrinjo à página pessoal se acreditar que é uma coisa da qual minha rede de contatos profissionais não vai tirar proveito algum.

Publicar o conteúdo do Pinterest na sua página de negócios no Facebook vai ajudar a aumentar a popularidade da página, assim como o seu público no Pinterest. É uma oportunidade incrível de matar dois coelhos com uma única cajadada virtual.

Usando o Pinterest em conjunto com seu blog

A melhor maneira de utilizar o Pinterest juntamente com seu blog é descobrindo quem pina o material que você publica no blog. Vamos examinar em mais detalhes como descobrir o que as pessoas estão pinando — e como tirar proveito disso — no Capítulo 10. No entanto, aqui vai um truque rápido: entre em www.pinterest.com/source/endereçodosite para ver quantas pessoas pinaram algum tipo de conteúdo do seu blog. Por exemplo: você pode conferir todas as capas de livros e outras imagens que os usuários pinaram do site da Wiley Publishing entrando em www.pinterest.com/source/wiley.com.

Acompanhando constantemente a página inicial do seu site no Pinterest, você vai descobrir quais as postagens e as imagens com as quais os usuários do Pinterest mais se identificam e vai poder usar essa informação para moldar sua estratégia de publicação de conteúdo. Por exemplo: se você perceber que suas postagens sobre como planejar um casamento de baixo custo estão se espalhando como fogo pelo Pinterest, vai saber que deverá escrever mais sobre esse assunto — talvez até alguns artigos sobre como fazer seus próprios arranjos de flores, diminuir despesas com o DJ, imprimir convites mais baratos e assim por diante. Esse tipo de informação é uma verdadeira mina de ouro para os blogueiros, e seria loucura ignorá-la.

Você também pode incorporar, em seu blog, os pins que publica no Pinterest. Basta clicar em qualquer pin e depois no botão "Incorporar", que fica à direita (no pin), para obter um código que poderá colar nas suas postagens para adicionar imagens instigantes. Mas tome muito cuidado para não cometer nenhuma violação de direitos autorais ao incorporar esse tipo de conteúdo. Costumo utilizar conteúdo próprio (como mapas mentais, fotos da empresa etc.) quando incorporo pins nas minhas postagens, para não ter qualquer problema jurídico. Veja o Capítulo 14, sobre ética no Pinterest, para obter maiores informações sobre questões de direito autoral.

Utilizando o Pinterest com suas campanhas de vídeo e seu canal no YouTube

Já discutimos o fato de os vídeos do YouTube serem pináveis e afirmamos que é uma boa ideia pinar os tutoriais e manuais dos produtos de sua empresa, além de vídeos de bastidores, em seus painéis. Se o seu negócio for daqueles que se utilizam muito das redes sociais, você provavelmente já tem o seu próprio canal no YouTube, que usa para enviar vídeos úteis e interessantes que realmente falam com seu cliente ideal.

É uma ideia muito boa criar painéis que apresentem o conteúdo do seu canal no YouTube de diversas maneiras. Pense em criar um painel só para os vídeos do trabalho na empresa, um para os tutoriais, um de instruções para os clientes e assim por diante.

Você também pode pinar qualquer vídeo que achar que irá combinar com seus clientes ideais, já que os vídeos também são um bom material para o esforço que você faz como curador de conteúdo. Se necessário, volte ao Capítulo 6, no qual discutimos as regras para uma boa curadoria de conteúdo, para ter mais ideias sobre que tipos de vídeo você deve pinar.

Você pode perguntar a um profissional de vídeo qual a melhor maneira de adicionar links "clicáveis" dentro dos seus vídeos no YouTube. Fazendo isso, esses endereços estarão acessíveis quando as pessoas tocarem o seu vídeo no Pinterest (postado por você ou por algum outro usuário), o que pode acabar gerando um bom tráfego para o seu site! Portanto, você tem que pensar de maneira estratégica na hora de adicionar links para as suas páginas iniciais, para o seu blog e para qualquer conteúdo que guarde uma relação estreita com o seu negócio.

Utilizando o Pinterest pelo Twitter

Você já sabe como tuitar um link para um pin, clicando nele e se valendo das opções de compartilhamento pelas redes sociais que estão à direita de todo e qualquer pin.

Você também pode tuitar um pin depois de publicá-lo num painel, utilizando o botão "Pinar". Ao pinar qualquer imagem, de qualquer site, com esse botão, você vai ver uma janela pop-up se abrir por alguns segundos. Como dissemos acima, essa janela simplesmente oferece algumas opções para compartilhar esse pin em outras redes sociais. Para tuitar, basta selecionar "Tweetar" que uma janela pop-up parecida com a da Figura 9.4 vai aparecer. Faça as alterações necessárias ao texto do tuíte e clique em "Tweetar" quando estiver pronto para publicar o pin para os seus seguidores no Twitter. O tuíte completo vai ficar parecido com a Figura 9.5.

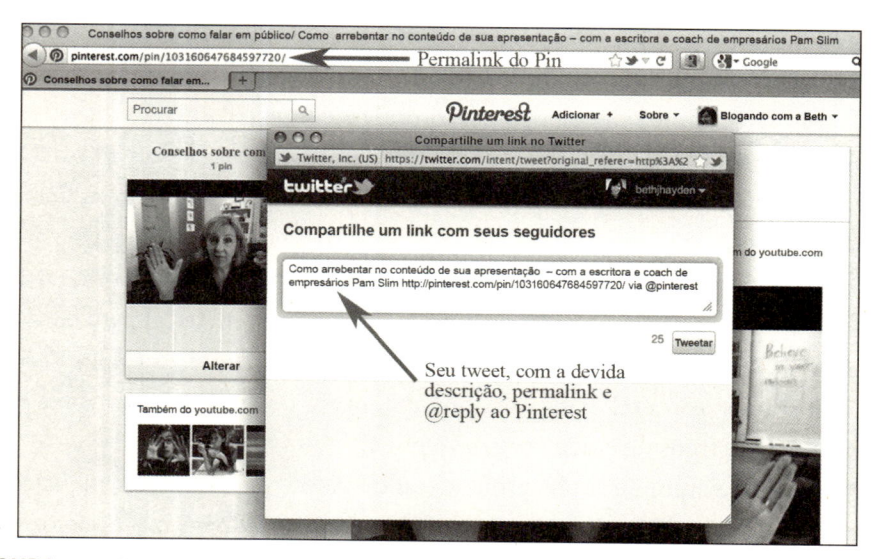

FIGURA 9.4. Como tuitar um pin no Pinterest.

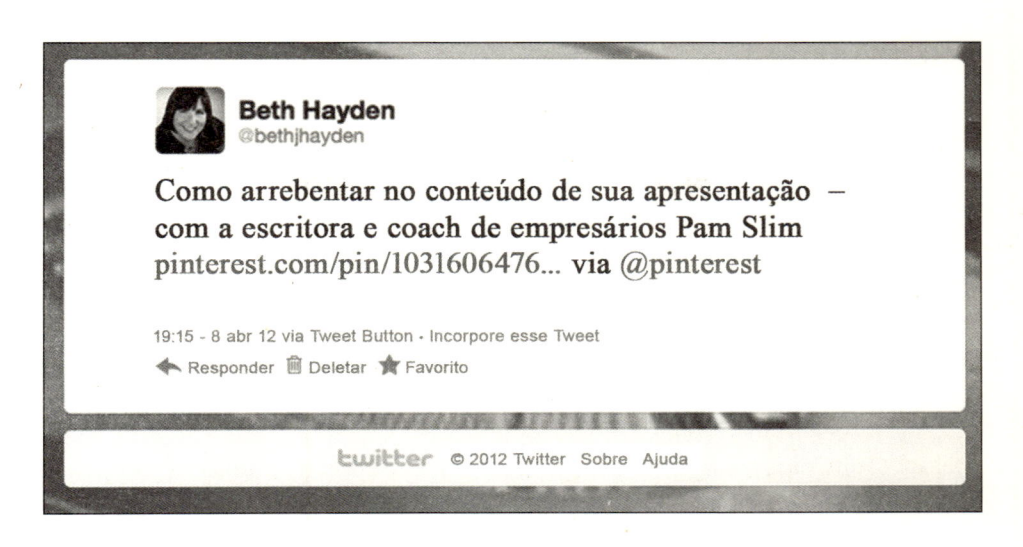

Beth Hayden
@bethjhayden

Como arrebentar no conteúdo de sua apresentação —
com a escritora e coach de empresários Pam Slim
pinterest.com/pin/1031606476... via @pinterest

19:15 - 8 abr 12 via Tweet Button · Incorpore esse Tweet

↩ Responder 🗑 Deletar ★ Favorito

twitter © 2012 Twitter Sobre Ajuda

FIGURA 9.5 Você tem a opção de compartilhar qualquer pin pelo Twitter, Facebook ou e-mail.

Você também poderá tuitar manualmente o link para um pin. Todo pin dispõe de uma URL única (ou *permalink*), que permite que você o tuíte quando bem entender. Para encontrar a URL de um pin específico, basta clicar nele e procurar o que está escrito no campo de endereço na internet. A maioria dos pins tem um permalink mais ou menos assim: http://pinterest.com/pin/103160647684466090.

Para tuitar um link para esse pin, basta copiar e colar o permalink do pin e adicioná-lo ao seu tuíte, com qualquer comentário que você queira fazer, e publicar.

Usar o Pinterest com outras mídias sociais (especialmente com o Facebook) pode ser muito bom para os seus negócios. Pense no Pinterest como mais uma maneira de encontrar e apresentar conteúdos fantásticos para seu blog, site e seus perfis nas redes sociais.

No Capítulo 10, vamos falar um pouco sobre como espionar (legalmente) no Pinterest. Vou ensiná-lo a monitorar conversas no Pinterest e a verificar tendências, de maneira que a sua empresa esteja sempre na linha de frente do que os seus clientes desejam e precisam.

Seu plano de ação

- Familiarize-se com todas as maneiras com que você pode integrar sua atividade no Pinterest aos perfis que mantém no Facebook e no Twitter.
- Faça postagens dos seus pins (e dos pins de outros usuários) em conjunto com o Facebook regularmente, curtindo painéis e compartilhando pins na sua página pessoal e na página da sua empresa no Facebook.
- Pense em publicar automaticamente toda a sua atividade no Pinterest no perfil que você tem no Facebook, vinculando as duas contas nas configurações de perfil de ambos os sites.
- Tuíte pins (seus e dos demais usuários do Pinterest) utilizando as opções de compartilhamento do botão "Pinar", ou dos botões de compartilhamento através das redes sociais que acompanham todos os pins.
- Estude quais artigos, imagens e postagens as pessoas mais pinam do seu site e utilize essa informação para dar forma à sua estratégia de conteúdo.

Vendo e aprendendo

Acompanhando tendências e monitorando conversas

O Pinterest é uma ferramenta fantástica para reunir informações sobre consumidores e empresas. Pode-se aprender muito observando o que se passa no site. Ele permite que você monitore o que os outros estão dizendo sobre a sua empresa e o seu ramo de atividade, de modo que você possa se tornar o primeiro a surfar na onda de uma tendência novinha em folha, que acabou de despontar na internet.

E tudo o que você precisa saber são algumas táticas de alta espionagem para juntar informações apenas observando o que está se passando entre os usuários do Pinterest, que é exatamente do que este capítulo vai tratar!

Monitorando tendências

Amy Clark, blogueira muito popular do MomAdvice (www.momadvice.com), está sempre de olhos abertos para as tendências do Pinterest e procura incorporar essas ideias ao conteúdo que cria para o seu blog.

> *Eu gosto de visitar o link "Popular" no Pinterest para saber quais os pins mais populares (...) e isso me ajuda a ter ideias para o site. [Por exemplo], quando eu vi que "bigodes" estavam em alta na seção "Popular", desenvolvemos bigodes para imprimir e templates chamados "Mustache Mug"[1], que os nossos leitores poderiam utilizar. Os bigodes não eram exatamente um assunto que eu pretendia explorar, mas acabou dando certo quando essa onda pegou no Pinterest e atraiu novos leitores para o nosso site.[2]*

---

[1] momadvice.com/blog/2011/11/mustache-mugs-and-free-mustache-printable.

[2] momadvice.com/blog/2012/01/how-to-be-a-pinterest-superstar.

O Pinterest pode ser a plataforma para observar e estudar nossa cultura, que está sempre mudando e na qual as respostas são muito rápidas. Como empresário, você pode juntar informações verdadeiramente preciosas só de prestar atenção no que está se passando no site.

A aba "Popular", no alto da barra de navegação da página inicial do Pinterest, fornece um verdadeiro baú de informações sobre os assuntos mais quentes do momento. Navegue nessa área constantemente e observe que tipo de coisas estão sempre aparecendo por ali. Quando notar uma tendência que se aplique ao seu nicho de mercado, procure adaptar sua estratégia de conteúdo para incluí-la; ou utilize-a para testar possíveis produtos e serviços relacionados a ela.

Você também pode observar seus pins (e os das pessoas que você segue) para ver o que é pinado com mais frequência e que modas "pegam" e acabam ganhando peso. Veja o que está chamando a atenção das pessoas — independente do conteúdo ser seu ou de outros.

Outra possibilidade é dar busca na caixa de pesquisa do Pinterest sobre o seu nicho ou assunto. A caixa de pesquisa fica no canto superior esquerdo da maioria das páginas do Pinterest. Por exemplo, a pesquisa mais recente que fiz sobre "Marketing no Pinterest" resultou num verdadeiro manancial de infográficos, postagens de blogs e vídeos sobre como fazer marketing utilizando campanhas de pinagem. Posso usar tudo isso para ter ideias sobre o que as pessoas estão comentando e compartilhando com relação a um assunto que é importante para mim. Também posso ver quais são as perguntas que sempre aparecem e que eu poderia responder nos meus painéis ou no meu blog.

Lembre-se sempre de que muitos dos pins relacionados a certos tópicos são aquilo que os especialistas de marketing chamam de "inspirador". Exemplos de conteúdo de inspiração são as casas em que os usuários *gostariam* de morar, receitas que eles *gostariam* de preparar ou grandes viagens que, um dia, *gostariam* de fazer. Estudar esses painéis de inspiração pode ajudá-lo a ter uma ideia dos valores e dos ideais das pessoas. O que elas mais gostariam de ter ou de fazer? O que é importante para elas? E, talvez, acima de tudo, como a sua empresa poderia ajudá-las a fazer ou a conquistar o que elas tanto querem?

Por exemplo, uma agência de viagens de aventura como a G Adventures (@gadventures) poderia reunir informações sobre que tipo de viagens o seu público-alvo gostaria de fazer — e o que ele valoriza numa viagem — com os dados obtidos no Pinterest. A agência poderia usar esse conteúdo de inspiração a partir de painéis que os usuários publicam sob títulos comuns, como "Lista de viagem" ou "As viagens que eu mais gostaria de fazer".

E você se lembra daqueles valiosíssimos perfis de cliente ideal aos quais nós, volta e meia, nos referimos neste livro? Monitorar os painéis dos seus clientes pode verdadeiramente ajudá-lo a saber mais sobre eles e o que é importante para eles — e, por sua vez, completar quaisquer peças que faltem nos perfis ideais deles.

Se você acompanhar essas tendências cuidadosa e regularmente, pode acabar se tornando a primeira empresa de seu nicho a surfar na onda de uma tendência quando ela começar a aparecer — e isso lhe dará uma enorme vantagem sobre a concorrência!

Monitorando tráfego e conversões

Outra maneira de estar sempre aprendendo e aperfeiçoando o seu negócio através da observação do Pinterest é analisar cuidadosamente suas estatísticas na internet. Você pode fazer isso não só verificando seus pins e painéis no Pinterest, como também utilizando o programa de monitoramento de tráfego do seu site para descobrir que tipo de tráfego está chegando até ele a partir do seu trabalho no Pinterest. Aqui vão algumas coisas que você pode experimentar:

1. **Utilize o Google Analytics** (ou sua ferramenta de monitoramento de tráfego favorita) para descobrir que pins e painéis estão gerando mais tráfego para o seu site. Os blogueiros mais populares sempre sabem que sites mandam mais tráfego para eles, para que possam maximizar seus esforços de marketing na internet. Essa, aliás, é uma parte crítica do marketing no Pinterest. Se você não souber como verificar suas estatísticas de tráfego ou como reunir informações como essas, ligue para o desenvolvedor de seu site ou seu guru favorito de redes sociais e descubra.

2. **Saiba que pins resultam em cadastros e em compras no seu site.** Saber exatamente essas estatísticas é uma parte fundamental do processo. Você pode acionar o Google Analytics para fazer relatórios que lhe permitam receber informações sobre perguntas específicas, como: "Quantas pessoas que chegam ao meu site a partir de um determinado pin acabam se cadastrando e comprando o meu produto?"

3. Se estiver atraindo interessados nos seus pins para suas páginas de aterrissagem (e fazendo-os se cadastrar na sua lista de e-mails, ou se inscrever

em eventos especiais como webinários), você também pode **incorporar um teste A/B ao processo de cadastramento.** O teste A/B é uma maneira de aperfeiçoar as páginas de aterrissagem ou de venda, testando uma versão da página em comparação a outra e vendo qual das duas se sai melhor. Com esse tipo de experiência, você verá quais são os gráficos, formatos e textos que obtêm os melhores resultados em suas páginas.

Como o tráfego que sai do Pinterest chega ao seu site com expectativas ligeiramente diferentes do restante da internet, talvez seja uma boa ideia criar páginas de aterrissagem específicas, que tenham uma atração especial para quem chegou através de um pin.

Com certeza, vale a pena fazer um esforço extra para aumentar seus níveis de conversão. Para obter maiores informações sobre testes A/B, consulte o especialista em internet da sua empresa.

4. **Descubra em que horas do dia e em que dia(s) da semana você recebe o maior número de repins, curtidas, comentários e de tráfego de referência**, analisando regularmente o seu perfil no Pinterest, bem como as estatísticas de tráfego do seu site. Teste pinar em dias e horários diferentes para maximizar o tráfego e a participação do seu público. Você pode descobrir que recebe o maior número de repins quando pina às seis da manhã, enquanto outros podem descobrir que pinar à noite é melhor. Depois que descobrir quais os horários em que desperta maior interesse, aproveite isso ao máximo e faça todo o esforço possível para que você e sua equipe pinem mais nessas horas!

5. **Depois que descobrir que partes da sua estratégia no Pinterest funcionam, faça bom proveito dessas informações.** Utilize-as para formatar seu conteúdo visual, determinar quais as melhores horas do dia para pinar, e continue sempre ajustando sua estratégia geral para a internet, de modo a sempre melhorar os resultados no Pinterest. Faça uma aferição mensal dos esforços de marketing que você faz no site para refinar e reorganizar sua estratégia.

Eu sei que tudo isso dá a impressão de dar muito trabalho, e isso realmente pode acontecer. No entanto, vale a pena obter essas informações. Você também pode fazer listas de afazeres semanais ou mensais para tornar esse tipo de análise parte de sua rotina.

Você deve ainda utilizar essas estratégias de monitoramento nas outras redes sociais. Faça a mesma análise que você faz no Pinterest nos relatórios das outras mídias sociais e utilize TODAS as informações que conseguir reunir para aprimorar os resultados da sua estratégia de marketing pela internet como um todo.

Se você utilizar essas táticas de campanha no Pinterest por seis meses, vai se surpreender com a velocidade com que a análise e a utilização desses dados vão fazer diferença no seu negócio. Você vai ser mais repinado e receber mais visitas, construir uma comunidade melhor e vender mais. Será que tudo isso não vale um esforcinho extra?

Monitorando as impressões da sua marca

Em marketing e em vendas, há um velho ditado que diz: "Sua marca não é o que *você diz* que ela é, mas o que os seus *clientes dizem sobre ela*." Portanto, trate de descobrir o que os outros estão dizendo! Neste tópico mostrarei diferentes maneiras de saber o que as pessoas estão falando da sua marca, e o que você pode fazer com essas informações.

Uma das maneiras mais rápidas de se obter dados sobre as impressões que a sua marca deixa na internet é dar uma olhada em sua página principal no Pinterest e verificar que tipo de conteúdo as pessoas pinam do seu site. Essa é uma das maneiras mais simples e rápidas de se obter um instantâneo do que as pessoas mais valorizam no seu conteúdo on-line.

Todo site que foi pinado no Pinterest tem uma página de origem. Para descobrir a sua, entre em http://pinterest.com/source/endereçodoseusite. Por exemplo, o blog de mídias sociais Copyblogger tem sua página de origem em www.pinterest.com/source/copyblogger.com.

Verifique regularmente a página de origem do seu site para descobrir com que postagens e imagens os usuários do Pinterest mais se identificam. Essa informação é de enorme importância: ao vasculhar o conteúdo que as pessoas mais pinam em seu site, você acaba descobrindo o que é mais importante para elas (o que elas acham útil, educativo ou divertido) e o que elas julgam que vale a pena compartilhar com o mundo.

Tenho clientes que vivem se surpreendendo com o que é (e o que não é) pinado de seus sites. Postagens e imagens que eles estavam convictos de que teriam muita repercussão no Pinterest não recebem atenção alguma, enquanto algumas postagens meio obscuras, de dois anos atrás, se alastram como fogo em palha.

Nesse processo, é importante desconsiderar seus julgamentos e ideias preconcebidas e, em vez disso, apurar o que *realmente* está acontecendo.

Você deve fazer buscas constantes com o nome da sua empresa, produtos e serviços no Pinterest. Essa é uma ótima maneira de encontrar fotos de pessoas usando seus produtos — como livros, utensílios domésticos, joias etc.

Enquanto estiver vendo os pins relacionados à sua empresa, independente de eles estarem ou não em sua página de origem, verifique sempre os comentários que as pessoas acrescentam aos pins. Isso o ajudará a descobrir o que é importante para os usuários com relação às imagens e aos vídeos que eles pinam e, mais ainda, como seus pins fazem com que eles se sintam.

Veja as maneiras como as pessoas percebem a sua marca. Quais os nomes dos painéis em que os pins são colados e repinados? Com que tipo de imagens os usuários a associam? Eles a colocam em painéis do tipo "Tenho que ter" ou "Coisas que algum dia eu conquistarei"? Verificar os títulos dos painéis pode ajudá-lo a ter uma boa ideia da percepção que as pessoas têm da sua marca.

Se determinados usuários regularmente postam fotos dos seus produtos (no Pinterest, ou no blog deles), talvez você deseje entrar em contato e incluí-los num programa de relação com blogueiros que você tenha criado. Se não tiver um cadastro assim, pense em criar um e em integrar esse tipo de recurso a suas campanhas de marketing no Pinterest.

Obtendo retorno direto

Uma das maneiras mais legais de usar o Pinterest para observar e aprender é solicitar um retorno direto de seus clientes e seguidores.

A Escola de Estudos sobre Informação da Universidade de Syracuse, nos Estados Unidos (@iSchool), recentemente fez uma campanha lançando um concurso interessante. Eles publicaram uma postagem num site pedindo aos leitores que criassem um painel no Pinterest sobre "O futuro da biblioteconomia" e reunissem ideias sobre como será o futuro dessa profissão (Figura 10.1). Os concorrentes mandaram painéis incríveis para o concurso. A iSchool selecionou os oito principais e pediu que os leitores de seu blog escolhessem o grande vencedor, que ganhou um prêmio.

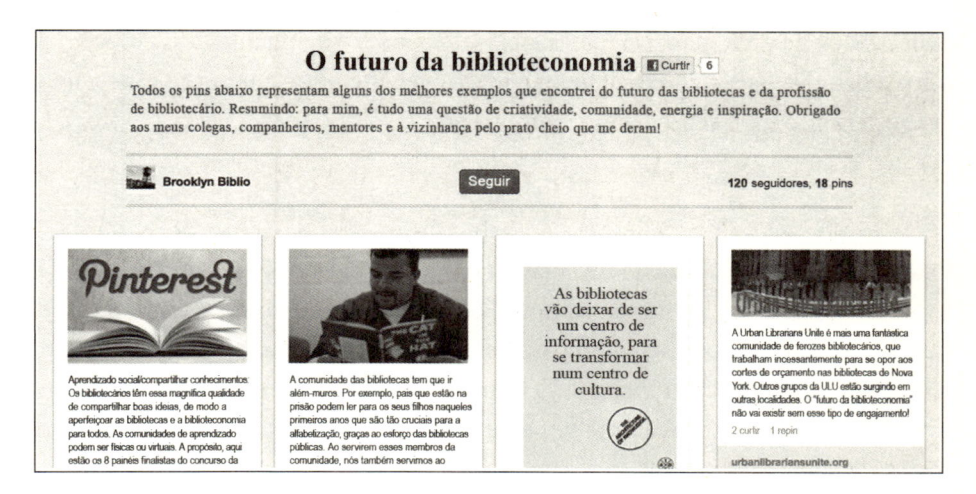

FIGURA 10.1 Um dos vencedores do concurso (@bkbiblio) da Escola de Estudos sobre Informação da Universidade de Syracuse sobre o futuro da biblioteconomia.

Que bela maneira de se receber o retorno de pessoas sobre o nicho em que elas atuam, obter uma bela repercussão no Pinterest e ainda aumentar sua comunidade. Brilhante!

Você pode obter um retorno dos usuários de maneiras semelhantes, na internet ou fora dela.

Por exemplo, algumas empresas estão organizando discussões de grupo pelo Pinterest, que elas utilizam para pedir aos participantes que criem painéis sobre seus ramos de atividade (ou outros assuntos específicos). E então elas observam como os participantes ampliam e mantêm esses painéis.

Você também pode pensar em fazer painéis cooperativos com discussões de grupo, para as pessoas pinarem como um grupo. Se adotar essa tática, avise-as que, sempre que um membro do grupo pinar alguma coisa no painel, todos os demais participantes vão receber um e-mail (o que, dependendo do caso, pode ajudar ou irritar o integrante). Vamos esmiuçar mais a fundo esses painéis cooperativos no Capítulo 11.

Você também pode utilizar o Pinterest como um verdadeiro laboratório pela internet, pedindo um retorno sobre os anúncios que pretende lançar, o desenho e a embalagem de seus produtos, nomes de produtos ou lançamentos. Como você vai saber se as pessoas adoram ou odeiam o nome de um novo produto? Perguntando, é claro! As pessoas adoram dar opinião. Se montar sua campanha de feedback de uma maneira realmente interessante e instigante (ou oferecer prêmios e brindes para os participantes), é possível que a sua busca por esse retorno acabe gerando uma repercussão na internet!

• • •

Este capítulo lhe ensinou as diversas maneiras através das quais você pode (legalmente) entrar na mente do seu público e reunir informações sobre o que ele pensa, como as pessoas decidem o que comprar e o que dá certo (e o que não dá) nas suas campanhas no Pinterest. Lembre-se sempre de que uma pesquisa como essa não é algo que se faça uma vez só e pronto. É uma atividade que precisa ser realizada constantemente!

Desenvolva um processo tranquilo e eficiente para reunir informações e certifique-se de que o retorno e as ideias que você recebe dos clientes passem a fazer parte da estratégia de marketing da sua empresa. É como ter os clientes no seu escritório, dizendo-lhe o que eles realmente querem, do que precisam. Essa informação é extremamente útil, portanto não a jogue fora.

Seu plano de ação

- Fique atento às tendências no Pinterest checando regularmente a aba "Popular" no site e observando as tendências que aparecem nos pins e nos painéis das pessoas.
- Monitore o tráfego do seu site e as estatísticas de cadastros e compras utilizando seu programa preferido de monitoramento de tráfego.
- Pense em fazer um teste A/B para aumentar as estatísticas das páginas de cadastro e vendas.
- Pense nas melhores horas do dia e nos melhores dias da semana para pinar, dependendo dos dados de tráfego do Pinterest e do seu site.
- Monitore as discussões sobre a sua marca e pense em solicitar um retorno direto utilizando discussões de grupo no Pinterest, ou através de conteúdo gerado pelos próprios usuários, em painéis criados para isso.

Parte Três

Aumentando sua pinfluência

Ampliando seu alcance

Como utilizar concursos, fóruns de discussão, depoimentos dos clientes, conteúdo gerado pelos usuários e galerias de vídeos para obter mais seguidores

Até aqui, tratamos do processo de aumentar seu número de seguidores no Pinterest, com a publicação de belos pins e painéis e cuidando bem daqueles que decidiram seguir sua conta. Mas existem várias outras ideias para utilizar o Pinterest como ferramenta de marketing — ideias que chamo de *faixa preta*, ou técnicas mais avançadas. Dirigem-se àqueles marqueteiros que já se sentem à vontade com o básico do Pinterest e gostariam de ampliar seu alcance e conquistar mais seguidores, aumentar o número de vendas e lidar melhor com os clientes. Você pode escolher entre as várias sugestões que aparecem neste capítulo e implementar aquelas que funcionarem no seu caso. Isso não deve ser visto como uma lista de tarefas. Nem todas as ideias vão dar certo em todas as situações. Repito que a melhor maneira de usar este capítulo é como uma forma de dar início a um processo de brainstorm, e pensar nas possibilidades que estão a seu dispor para fazer o conteúdo visual e os painéis do Pinterest trabalharem a seu favor.

Usando o Pinterest para aumentar sua comunidade

Você já conhece as regras básicas para se criar uma comunidade, como entabular uma conversa com seus seguidores (e outros usuários do Pinterest) e organizar o melhor conteúdo possível em seu nicho para fazer de você um verdadeiro especialista na sua área. A seguir vão algumas maneiras mais avançadas de aumentar sua comunidade com os painéis do Pinterest.

Integre conteúdos gerados por outros usuários

Um número crescente de marcas está montando programas de convidados para suas contas no Pinterest, como é o caso da ModCloth (Figura 11.1). Permita que seus melhores clientes e alunos (ou seja, as pessoas em quem você mais confia) participem de certos painéis e incentive-os a pinar conteúdo durante uma semana. Dê-lhes o direcionamento necessário — certifique-se de que saibam quem é o público-alvo e o tipo de coisa de que seus seguidores apreciam — e então deixe-os livres para pinar o tipo de conteúdo que seus seguidores vão achar interessante. Se você trabalha com recepções de casamentos, por exemplo, seus convidados poderiam pinar fotos de vestidos bonitos, locais paradisíacos para passar a lua de mel ou informações de como planejar um casamento de baixo custo. Você vai ficar surpreso com o ótimo conteúdo que esses convidados irão pinar para você, e eles vão ficar encantados em receber mais atenção para os seus perfis no Pinterest. É o tipo de situação em que todos os lados saem ganhando.

FIGURA 11.1 Um painel da ModCloth (@modcloth) dedicado a pinadores convidados.

Duas observações sobre esses painéis cooperativos:

1. O Pinterest tem grandes limitações na maneira como esses painéis são administrados. Quando você convida alguém para colaborar num painel, o convidado não tem a oportunidade de concordar ou discordar e é automaticamente incluído no painel. Depois disso, ele vai receber um e-mail toda vez que alguém pinar alguma coisa no painel. E isso pode ser um enorme aborrecimento se a pessoa que você convidou para colaborar não estava esperando o seu convite. Por isso, trate de falar com os colaboradores antes de convidá-los e explique como será o procedimento no Pinterest. Você pode até ter uma explicação-padrão para isso, que poderá copiar e colar quando quiser convidar outras pessoas para colaborarem com você.

2. A segunda desvantagem dos painéis cooperativos é que atualmente não há como moderá-los — mesmo que você seja o dono ou o criador deles. Se o seu convidado pinar alguma coisa de que você não gosta e que deseja que seja retirada, você vai ter que *pedir* a ele para retirar o pin do painel ou então simplesmente excluir aquele colaborador. Essa é mais uma razão para pensar bem em quem você vai convidar e se certificar de só contatar pessoas de sua confiança.

É possível que o Pinterest venha a corrigir esses dois problemas em atualizações futuras. Enquanto isso, devo dizer que os painéis cooperativos podem ser realmente valiosos. Você só precisa aprender a trabalhar dentro de suas limitações atuais.

Crie painéis de férias

Celebre as festas e as estações criando painéis de férias ou para a nova estação de uma maneira que esteja relacionada à sua marca (como na Figura 11.2). Por exemplo: Resoluções para o ano-novo, Dia da Independência (ou outro feriado importante para a história do seu país), e assim por diante. Os usuários adoram isso!

Crie grupos de discussão

A empresa de contratação de terapeutas infantis PediaStaff (@pediastaff) mantém fóruns de discussão permanentes para se relacionar com os clientes e fazer sua comunidade crescer. Ela usa um tipo específico de descrição do pin para

FIGURA 11.2 Um painel só sobre a independência americana, da usuária Amy Hanks (@aimmers).

fazer uma pergunta ou levantar um tópico para debate, e utiliza os campos de comentário para mediar a discussão entre os usuários do Pinterest. Numa determinada semana, por exemplo, a PediaStaff levantou a seguinte questão para fisioterapeutas e terapeutas ocupacionais: "Quais jogos podem ajudar a desenvolver habilidades sensório-motoras nas crianças?" Isso levou a uma discussão bastante animada nos comentários. Essa abordagem pode ser uma ferramenta fantástica junto a clientes atuais e potenciais, portanto pense com carinho no tipo de debate que você poderia iniciar com seus seguidores no Pinterest.

Seja o mediador de um chat no Pinterest

O coach de carreira Sean Cook (@seancook) foi o mediador de um evento único na internet, que juntou seus universos do Pinterest e do Twitter. Ele o chamou de "pin chat" era parte de um chat que ele normalmente conduzia no Twitter com seu público: pessoas que procuravam emprego nas universidades. Os participantes do chat tuitavam links e pins que levavam citações, vídeos e outros tipos de conteúdo inspirador para as pessoas que procuravam emprego em universidades (utilizando uma hashtag previamente designada). Sean, então, repinou tudo isso para um dos painéis que mantinha no Pinterest. O evento começou e terminou numa hora marcada, conforme fora anunciado em seu site www.higheredcareercoach.com. O pin chat de Sean chamou a atenção para todas as coisas legais que ele faz para inspirar seus clientes a partir do Pinterest e abriu um caminho importante, que ampliou sua comunidade.

Mostre os seus seguidores no Pinterest

Ann Handley e C.C. Chapman, autores do livro *Regras de conteúdo*, sugerem a seguinte abordagem para blogueiros e outros criadores de conteúdo para sites:

> *Crie um conteúdo que mostre seus leitores, espectadores, comentadores e os demais membros ativos da sua comunidade. Se, por exemplo, você vir que Maisy e Simon comentam constantemente as suas postagens, escreva um texto agradecendo a eles; mostre também quem eles são e adicione um link para os blogs ou as empresas deles. Você pode até apontar algumas das suas postagens favoritas que aparecem no blog deles. O grande bônus que você vai ter é que, depois que começar a chamar atenção para a sua plateia, vai acabar ativando uma maior participação de outras pessoas que também querem ver seus refletores voltados para elas.*

Esse belo conselho também funciona no Pinterest. Se perceber que determinados usuários estão sempre comentando e curtindo seus pins e painéis, estabeleça uma conexão com eles. Você pode até pensar em criar um painel de "Pinador do mês" para chamar a atenção para esses superusuários.

Apresente seus clientes pelo Pinterest

Que tal honrar seus melhores pinadores enviando-lhes um e-mail semanal com "O melhor do Pinterest"? Esse e-mail poderia chamar atenção para alguns painéis e pins que esses clientes mantêm no Pinterest.

Crie painéis para os seus fãs mostrarem que o apoiam

A melhor maneira de lidar com isso é tendo alguns administradores dedicados a repinar conteúdo de seus fãs. Pense em vídeos, postagens ou fotos dos seus eventos. Proporcione uma maneira de seus fãs enviarem conteúdo para você (via Twitter, Facebook, e-mail ou comentários de blog, por exemplo) e certifique-se de colocar as informações de envio na descrição do painel para que os usuários saibam como participar.

Fale sobre como é bom trabalhar na sua empresa

Sim, isso ajuda a criar uma comunidade! Empresas como a Accenture chegam até a criar painéis que divulgam as vantagens de conseguir um emprego lá. Dê uma olhada no painel "Careers at Accenture" [Carreiras na Accenture], destinado a atrair mais mulheres para a empresa: www.pinterest.com/AccentureWomen/careers-at-accenture.

Crie painéis para os eventos aos quais você comparece

Antes do evento, você pode escrever sobre os painéis a que pretende comparecer e as pessoas que espera conhecer, o que não deixa de ser uma boa maneira de promover os demais participantes! Durante o evento, pode compartilhar fotos e vídeos dos painéis, apresentadores e demais participantes. Você também pode levar cartões com instruções de como ser convidado a postar no painel do evento. As pessoas vão adorar a novidade. Depois do evento, faça alguns pins pós-conferência para compartilhar as ações que se seguiram e falar do que pretende conseguir com seus novos conhecimentos e com as pessoas com quem fez contato.

Usando o Pinterest como parte do seu ciclo de vendas

Você pode utilizar o Pinterest como uma maneira de chamar a atenção e se aproximar diretamente de seus clientes em potencial. Pense em formas de integrar as seguintes sugestões às ações de sua equipe de marketing e de vendas.

Crie painéis de pessoas com quem você gostaria de se conectar

O coach de empresários Tommi Wolfe (www.thestartupexpert.com) aconselha que você tenha uma lista de contatos profissionais atuais, assim como dos clientes potenciais a quem você gostaria de se ligar. Então, por que não manter essa lista no Pinterest? Você poderia chamá-la de "Pessoas que eu adoraria conhecer" e vincular esses pins para a conta do Pinterest ou para o site principal delas.

A terapeuta e coach Tamara Suttle, que já apresentei no Capítulo 6, também tem um painel de "Pinadores favoritos", que mostra seus usuários favoritos para seguir no Pinterest. E não há nenhum motivo pelo qual seu painel de pinadores favoritos não possa incluir aqueles clientes em potencial que você adoraria conseguir.

Promova concursos

As empresas estão começando a organizar todo tipo de concurso no Pinterest. Você pode convidar seus leitores a pinar links e imagens do seu site que os inspirem, motivem, emocionem ou divirtam. Ou pode lhes pedir que criem painéis em torno de assuntos específicos relacionados ao concurso. Certifique-se sempre de exibir os vencedores no seu site, ou no painel do concurso, como parte da ação promocional.

Lembre-se de que é uma boa ideia criar um texto de blog curto e claro, que explique as regras do concurso e as expectativas que as pessoas podem ter. Isso permitirá que você promova o evento, além de esclarecer tudo.

A seguir estão as várias maneiras de se escolher o vencedor:

- **Pelo voto popular.** Deixe que o seu público no Pinterest tome a decisão. Faça os concorrentes criarem painéis ou pins especiais, então anuncie ao público que ele pode votar curtindo ou repinando o pin ou o painel. O vencedor será o mais curtido ou repinado.
- **Por sorteio.** Escolha um vencedor aleatoriamente, entre todos os inscritos. Informe aos participantes o que eles têm que fazer para concorrer — talvez repinando uma imagem ou seguindo sua marca no Pinterest.
- **Julgando o melhor pin ou o melhor painel.** Peça que os concorrentes criem um painel dentro das regras do seu concurso. Então, você (ou um grupo de jurados escolhidos por você) julga quem foi o melhor.[1]
- **Crie cupons e os pine.** Crie cupons bonitos e visualmente interessantes para colar nos painéis. Você pode misturá-los aos seus painéis normais, se não houver problema para você, ou criar painéis específicos para cupons e ofertas especiais. No entanto, use esses cupons com moderação. Não vá entupir seus seguidores com um conteúdo excessivamente promocional.

Divulgue os depoimentos

Pine fotos dos seus clientes e então cole seus depoimentos na descrição do pin. As pessoas adoram ver depoimentos acompanhados de rostos. Isso faz com que os testemunhos sejam muito mais críveis e amigáveis. Essa, portanto, é mais uma técnica bastante eficaz para juntar e compartilhar provas concretas de como sua empresa é magnífica.

---

[1] http://socialfresh.com/pinterest-contests.

Ajude os seus clientes a visualizarem exatamente com quem você quer trabalhar

Lembra quando nós falamos de clientes ideais no Capítulo 3? Pense em tornar isso público!

Crie um painel separado para representar a persona de cada cliente e pine conteúdo adequado para representar cada tipo de cliente. Isso pode acabar se transformando num enorme painel colaborativo com um dos clientes que melhor se encaixar nesse perfil. Aí você poderá usar esses painéis durante o ciclo de vendas para ajudar seus funcionários a terem uma ideia mais clara do tipo de cliente que você está tentando atrair. Você pode linkar esse painel ao seu site, numa página chamada "Para quem trabalhamos" ou "Nossos clientes ideais".

Comunique-se com suas fontes de referência

Crie painéis para fontes de referência, afiliados e parceiros estratégicos e permita que eles colaborem com esses painéis. Relacione-se com seus parceiros para que saibam que estão sendo incluídos e respeitados. Melhor ainda: *pergunte* a esses parceiros e fontes de referência que tipos de painel e conteúdo eles gostariam de criar com você. Aposto que vai receber respostas fantásticas!

Conte as histórias dos clientes

O Pinterest abre a oportunidade de transformar estudos de caso maçantes em histórias de sucesso visualmente interessantes. Lembre sempre que isso é um pouco diferente de criar e pinar os depoimentos dos clientes. Depoimentos são sobre você e sua empresa: como você é maravilhoso, como ajudou certo cliente a atingir uma determinada meta etc. Mas você também pode criar painéis com histórias focadas numa série de outros tópicos: como clientes específicos usam seu produto, como era a vida deles antes de trabalharem com você e como estão muito melhor agora que você os está ajudando, e assim por diante. Podem acabar sendo histórias incrivelmente inspiradoras e instigantes para seus clientes atuais e também para os potenciais.

Se você for uma agência de webdesign, por exemplo, e desejar mostrar o belo trabalho que fez no site de um cliente (e todas as ótimas maneiras pelas quais eles o estão usando para promover seu negócio), por que não pinar algumas das postagens deles e mostrar o magnífico site que você fez? Você também pode falar do processo que eles têm para escrever ótimas postagens, ganhar espaço nas redes sociais etc. Pense em como seus clientes em potencial vão ler essas histórias. Você quer que elas sejam emocionantes, os inspirem e façam esses outros clientes sentirem que também podem tomar a iniciativa de procurá-lo e obter resultados.

Usando o Pinterest para ajudá-lo a trabalhar com os clientes que você já tem

O Pinterest tem muito potencial não só para ajudá-lo a despertar o interesse de novas pessoas, mas também para facilitar sua vida com seus clientes atuais. As ideias abaixo vão ajudá-lo a se conectar com as pessoas que já compraram seus produtos e serviços — e estimulá-las a continuar comprando.

Crie guias de início rápido e painéis com manuais do usuário

O Pinterest permite que você apresente a documentação do seu produto na internet de uma maneira que novos clientes possam acessá-la facilmente. Lembre-se sempre de que as pessoas que estão comprando seu produto pela primeira vez podem se sentir um tanto inseguras. Por isso, é bom fazer com que essa documentação seja divertida e fácil de ler e visualizar.

Especialmente se você for um provedor de serviços, pode criar um painel chamado "Como aproveitar ao máximo o trabalho que eu vou fazer para você", com ideias e sugestões para maximizar a relação com o seu serviço.

Mostre como os clientes usam seus produtos

Uma loja de roupas, por exemplo, ou uma butique especializada pode tirar fotos dos clientes usando as roupas da loja. Você pode criar um painel inteiro só para isso. Depois, certifique-se de fazer um link para as contas que esses clientes têm no Pinterest no espaço da descrição do pin. A dona da Thad and Louise Boutique (@stetsonkpatton), em Hickory, na Carolina do Norte (Estados Unidos), utiliza essa técnica muito bem (Figura 11.3).

Crie "painéis visuais" customizados para os novos clientes

Seus clientes vão ficar muitíssimo impressionados se você criar painéis especiais só para eles, que incluam recursos e ideias sob medida para seus casos específicos. Se fizer isso regularmente — e bem —, sua empresa irá brilhar.

FIGURA 11.3 Stetson Patton (@stetsonkpatton), dona da butique, criou esse painel para mostrar as clientes da loja com suas roupas favoritas.

Essa é uma técnica excelente para qualquer negócio que dependa de ideias e de deixar os clientes inspirados, como cerimonialistas de casamento, decoradores, serviços de bufê etc.

Ideias de brindes

Digamos que você precise de ideias de brindes para festas, ou de agradecimento para clientes VIP, parceiros que lhe deram alguma referência, ou outras pessoas importantes para os seus negócios. Dê uma olhada nos painéis delas, para ter ideias rápidas sobre o tipo de brinde de que irão gostar!

Usando o Pinterest para criar sua estratégia de conteúdo

Você provavelmente já possui um blog ou algum outro site rico em conteúdo sobre o seu negócio. As sugestões abaixo vão ajudá-lo a integrar o trabalho que você faz normalmente em seu site com seus esforços no Pinterest.

- **Integre os painéis do Pinterest em seu blog.** Você pode criar painéis que girem em torno das categorias das suas postagens. Essa é uma ótima maneira de trazer à tona postagens antigas e gerar novo conteúdo sobre os mesmos assuntos.

- **Escreva resenhas.** Crie pins resenhando produtos, aplicativos, softwares, livros, filmes, sites, blogs e outros recursos para os seus seguidores. Essa é uma boa maneira de se linkar com postagens interessantes, que seus clientes vão achar realmente úteis.
- **Conteúdo em vídeo.** Sim, você pode pinar conteúdo em vídeo! O mais fácil é fazê-lo através do YouTube — basta usar o botão pinar em qualquer vídeo do YouTube e você pode pinar o vídeo principal da tela num de seus painéis.

Você pode alavancar qualquer conteúdo em vídeo já existente que você tenha criado e publicado, como o canal que a sua empresa tem no YouTube. Aqui vão algumas ideias para conteúdo em vídeo:

- Depoimentos de clientes.
- Palestras e workshops.
- Eventos, encontros, conferências e outras reuniões do seu ramo de atividade.
- Webinários e telesseminários.
- Entrevistas com clientes (pergunte sobre as metas deles, sobre como eles utilizam seus produtos e serviços etc.).
- Entrevistas com funcionários. Ponha seus representantes de vendas na frente das câmeras. Eles têm insights sobre as dúvidas mais frequentes dos clientes e informações importantes para compartilhar.
- "Como fazer" — tutoriais em vídeo têm muito poder. Será que você pode usar esse conteúdo em vídeo e adicionar pins úteis aos seus painéis?

Crie painéis para as aulas e webinários que você ensina. Esse tipo de painel oferece um material complementar visualmente instigante para os alunos. Você pode utilizá-los na própria aula, durante as apresentações, ou pedir que os alunos explorem esses painéis no Pinterest, depois da aula. Se for uma aula ou workshop presencial, certifique-se de incluir as fotos do evento no painel.

Seja lá o que você fizer no Pinterest, tenha sempre em mente essa dica da estrategista de redes sociais Constance Aguilar: "Saiba o que os seus fãs curtem e lhes ofereça cada vez mais da mesma coisa."[2]

Espero que este capítulo tenha despertado algumas ideias criativas para a sua empresa e tenha sido um bom ponto de partida para as diversas maneiras pelas quais você pode incorporar as ferramentas do Pinterest à sua atual estratégia de marketing. A interface do Pinterest e um ótimo conteúdo podem fazer de você um verdadeiro *rockstar* em todos os pontos do seu ciclo de venda, por isso faça um esforço para utilizá-los em todo o processo!

Seu plano de ação

- Aumente sua comunidade no Pinterest reunindo o conteúdo gerado pelos usuários, dando início a discussões, criando painéis de debates e assim por diante.
- Use o Pinterest como parte do seu ciclo de vendas, organizando concursos, pinando belos cupons e publicando os depoimentos e as histórias de sucesso de seus clientes.
- Trabalhe com seus clientes atuais, utilizando as ferramentas do Pinterest, fazendo um brainstorm sobre painéis para clientes específicos, criando tutoriais para serem usados no Pinterest e outras formas de facilitar a vida do cliente;
- Faça do Pinterest uma parte valiosa de sua estratégia geral de conteúdo na rede, interligando o conteúdo do seu blog ao que acontece nos seus painéis, criando ótimos murais de vídeos e publicando material complementar para suas aulas e palestras.

---

[2] http://alquemie.smartbrief.com/alquemie/servlet/encodeServlet?issueid=3DE4CCD6-2091 -4695-A7E2-6E7B64E4712A&lmcid=archives.

Pinando pelo celular

Se quiser pinar no celular, o aplicativo do Pinterest para o iPhone foi feito para você. Com ele, é fácil e rápido entrar no site, pinar, enviar fotos e gerenciar a conta a partir do seu iPhone ou iPad. (Quando este livro foi escrito, o Pinterest ainda não havia desenvolvido um aplicativo para os usuários do Android, mas aposto que ele já está sendo feito.)

Antes de passarmos a falar mais especificamente desse aplicativo, vale a pena se lembrar do *porquê* de você estar usando o Pinterest. Como todo mundo sabe, nada pode tomar mais energia do seu trabalho de marketing (e com mais rapidez) do que um aplicativo bonitinho que permite que você desperdice uma quantidade enorme de tempo, enquanto lhe dá pouquíssimo retorno de investimento, se *não* o usar zelosa e criteriosamente.

O aplicativo do Pinterest para iPhone pode se tornar uma absoluta perda de tempo para você, se não lembrar por que o está utilizando e quem você pretende alcançar com todos os seus pins. Essa pode ser uma boa hora para voltar ao Capítulo 3 e rever os perfis de seus clientes ideais. Lembre-se de suas metas de marketing antes mesmo de baixar o aplicativo. Vale a pena fazer (de novo) as seguintes perguntas: você quer incrementar seus cadastros? Sua meta é criar novos relacionamentos com clientes em potencial e manter os que já tem com os atuais clientes? Você quer aumentar o interesse e o comparecimento a seus eventos presenciais e pela internet? Eu recomendo até que você coloque as suas metas e os perfis dos clientes potenciais num arquivo de seu telefone. Assim, vai ter as metas na ponta dos dedos e, quando perceber que está perdendo seu precioso tempo brincando com o aplicativo, sempre poderá lembrar por que está pinando e utilizando o Pinterest.

Depois que tiver esclarecido os motivos para pinar pelo celular, aí sim poderá baixar o aplicativo. Faça o download entrando em www.pinterest.com/about/goodies ou busque o termo "Pinterest" na App Store do celular.

Então, como você pode usar esse belo aplicativo para incrementar suas metas de marketing no Pinterest?

Dez maneiras fáceis e rápidas para fazer seu negócio crescer utilizando o aplicativo do Pinterest

1. Veja e compartilhe imagens e vídeos pinados pelas pessoas que você segue no site

Quando você clica no botão "Seguindo", na parte inferior do aplicativo, encontra os pins dos usuários que está seguindo e pode ver um de cada vez. Você pode descer a barra de rolagem, passando por uma longa lista de pins, e examinar um por um. E a interface bastante nítida do iPhone faz com que a resolução dos pins seja excelente e com que as imagens que você olha sejam de alta qualidade.

Você pode repinar, comentar ou compartilhar nas redes sociais qualquer pin das pessoas que estiver seguindo.

2. Crescimento fácil e rápido da comunidade

Clique no ícone "Notícias" para ver quem curtiu ou repinou seus pins, de modo que você também possa, reciprocamente, segui-los. Clique no nome da pessoa para ver que pin aquele usuário curtiu ou repinou, então insira um comentário pessoal agradecendo, fazendo uma pergunta ou conversando com ele. Você também poderá segui-lo, o que sempre ajuda a comunidade a crescer.

3. Crie um conteúdo próprio

Tire suas próprias fotos com o iPhone e envie-as direto para os seus painéis. Quando você clica no ícone da câmera, na parte de baixo do aplicativo do Pinterest, pode tirar uma foto imediatamente e enviá-la para o seu perfil no Pinterest.

Você pode simplesmente tirar a foto, conferir o preview e fazer qualquer ajuste necessário de contraste e equilíbrio de cores clicando e arrastando a imagem. O Pinterest vai pedir que você acrescente uma descrição, escolha um painel e decida se quer adicionar um local a esse pin.

Não tem certeza sobre que fotos enviar? Pense nos eventos da sua empresa, em fotos de funcionários, de bastidores, nos perfis dos produtos e em imagens de clientes felizes (com depoimentos na área de descrição). Vá aos capítulos 6 e 11 para ter mais ideias sobre que tipo de conteúdo você deve pinar.

4. Descubra novos usuários com quem se conectar

Explore pins novinhos de vários outros usuários (não só dos que você está seguindo) clicando na opção "Explorar" (Figura 12.1). Você pode escolher uma categoria que gostaria de vasculhar (artes, técnicas de DIY, carros e motos etc.), ou simplesmente clicar em "Tudo" para examinar pins de todas as categorias.

Esse tipo de navegação vai permitir que você examine uma série de pins fora do seu círculo habitual. Isso, por sua vez, lhe dará a oportunidade de reunir informações de várias outras fontes, em vez de confiar apenas nos usuários a quem já estiver associado.

Uma vez que você tiver escolhido uma categoria ou clicado em "Todos", vai encontrar uma série de pins sobre determinado assunto. Clique em qualquer um deles para receber uma versão ampliada da imagem. Quando isso acontecer, vai saber quem foi o primeiro a pinar, ou então você pode clicar na imagem (ou no

FIGURA 12.1 Tela "Explorar" no aplicativo do Pinterest.

vídeo) e descobrir a fonte original. Se arrastar a tela um pouco para baixo, encontrará mais detalhes sobre o pin, inclusive a descrição, quando ele foi pinado e quantas curtidas e repins ele tem.

Você poderá curtir o pin ou repiná-lo, como faria com qualquer outra imagem do site.

Você também pode:

- Adicionar um comentário.
- Compartilhar no Facebook.
- Compartilhar no Twitter.
- Enviar o pin por e-mail.

5. Veja o que está funcionando em suas campanhas no Pinterest

Você pode dar uma olhada geral nos seus painéis e ver quais têm o maior número de seguidores. Clique no ícone "Perfil" e depois em "Boards", no canto superior esquerdo da sua tela de perfil, para ver rapidamente. Por exemplo, eu posso ver perfeitamente que as minhas "Dicas para blogs e redes sociais" (em inglês, *Blogging and Social Media Tips*) é o painel que conta com o maior número de seguidores. Assim, posso clicar nesse painel para ver os pins e descobrir o que é que eu posso aprender com essas imagens. O que esse painel tem que causa uma reação tão forte por parte dos meus seguidores? Por que ele "pegou"? E como eu posso aplicar isso aos demais painéis, para que eles obtenham mais seguidores?

6. Crie relacionamentos

Você pode conferir sua atividade recente no Pinterest de duas maneiras com o aplicativo. A primeira é verificando os pins mais recentes que você curtiu, para adicionar um comentário ou compartilhá-los nas redes sociais. Pode clicar no ícone "Perfil" e então em "Curtir", no canto superior direito da tela, para conferir quais foram os pins que você curtiu.

A segunda maneira é clicar em "Notícias" na barra de navegação inferior, para ver uma lista das pessoas que o seguiram recentemente, que repinaram suas imagens ou curtiram seus pins (Figura 12.2).

Agradeça às pessoas, faça-lhes perguntas, converse com elas de uma maneira genuína — e, acima de tudo, *escute* o que elas têm a dizer. As informações que você receber vão ajudá-lo, de maneira que o público estará sempre voltando para os seus painéis no Pinterest — além de fazer mais gente aparecer.

7. Gerencie seu conteúdo repinando coisas interessantes para seus seguidores

As funções "Explorar" e "Seguindo" no aplicativo do Pinterest permitem que você navegue tranquilamente através de vários novos pins e continue com seu trabalho de gerenciamento. Além disso, a facilidade de acesso desse aplicativo (e o fato de ter o Pinterest no celular, que você provavelmente já carrega o tempo todo) permite que você administre seus esforços de gerenciamento de conteúdo aos poucos, durante o dia. Pense nisso: você pode gerenciar enquanto espera numa fila de banco, ou aguarda um grande evento começar, ou enquanto dá um tempo no que quer que tenha se concentrado o dia inteiro.

FIGURA 12.2 Você pode conferir sua atividade recente no Pinterest clicando em "Notícias" no aplicativo.

143

A conveniência do aplicativo também reside no fato de que você tem mais chance de estar on-line e ativo no Pinterest, mesmo nos seus horários de maior atividade no site. (Veja o Capítulo 10 para obter maiores informações sobre como saber o horário em que as pessoas mais pinam seu material.)

Imagens interessantes, como as belas fotos de Nester Smith (veja Figura 12.3), podem se tornar grandes fontes de conteúdo para os painéis que você gerencia.

FIGURA 12.3. Visão de um único pin no aplicativo do Pinterest (de Nester Smith, @nesters).

8. Localize geograficamente os pins que você envia

Quando você tira uma foto com o aplicativo do Pinterest, tem a opção de colocar um tag na imagem com sua atual localização geográfica. Basta tirar a foto, como já descrevemos acima, e aí surge a possibilidade de incluir sua localização atual na mesma tela em que escolhe o painel em que gostaria de colar a imagem.

Nessa tela, selecione "On" para a opção "Lugar", e então clique em "Pinar" (Figura 12.4). O GPS interno do seu celular vai calcular sua localização e inserir o local na foto.

O motivo pelo qual esse tipo de marcação geográfica pode ser realmente importante (e ajudar seu negócio) é o seguinte: o Pinterest pode chegar a um ponto em que os usuários venham a filtrar as pesquisas por localização geográfica, mais ou menos como as pesquisas geográficas avançadas que já são feitas no Twitter. Apesar de as buscas no Pinterest ainda não serem tão sofisticadas a ponto de se fazer isso agora, pode acabar acontecendo no futuro, e é bom estar preparado para essa eventualidade. Por isso, comece a marcar os pins agora. Quando o Pinterest permitir esse tipo de busca, eles já vão estar organizados, divididos e prontos.

FIGURA 12.4 Suas opções, ao enviar uma foto para o Pinterest a partir do iPhone.

Também há certa dúvida sobre a facilidade de se achar um pin no Pinterest (e quão fácil continuará a ser) através do Google e de outras ferramentas de busca.

Mas inserir nos pins sua localização geográfica tem certas vantagens, pois será mais fácil encontrá-los ao fazer uma busca.

Por exemplo, digamos que você esteja em Portland, no estado americano do Oregon, e faça uma busca comum no Google para "lavagem a seco". O Google apresenta os resultados sob medida para você, ou seja, lavanderias que fazem lavagem a seco que estejam na sua vizinhança, em Portland. Esses resultados vão ser totalmente diferentes dos meus, se eu der a mesma busca em Boulder, no Colorado.

Apesar de essa tecnologia ainda estar em fase de pesquisa, pode acabar sendo possível que os seus pins e painéis incluam informações geográficas que as pessoas que derem uma busca no Google, na sua região, poderão acessar. Isso pode acabar sendo uma verdadeira mina de ouro para os negócios locais. Ao utilizar o Pinterest, essa lavanderia de lavagem a seco, por exemplo, faria bem em marcar todos os pins que envia; porque ela *quer* que as pessoas encontrem seus pins na cidadezinha em que estão, no Kansas, quando alguém der uma busca no Google por "lavagem a seco". Qualquer coisa que puderem fazer para aumentar a chance de aparecerem nos resultados das buscas naquela cidade sempre ajuda!

Muitas dessas informações sobre fotos com marcação geográfica são uma preparação para o que pode acontecer no futuro. Mas como só demora um segundo para incluir um lugar aos seus pins, é muito fácil fazer isso desde já.

A exceção à regra, evidentemente, ocorre se você estiver enviando fotos pessoais (da sua casa, seus filhos etc.) e não quiser que a localização seja incluída. Nesses casos, basta colocar em OFF a opção que aparece ao lado de "Lugar" quando enviar esse tipo de foto.

9. Pine do navegador do seu iPhone

Você também pode incluir um botão de pinar no navegador do iPhone. Esse botão funciona exatamente da mesma maneira que num navegador comum, de modo que você pode pinar qualquer coisa enquanto estiver na internet pelo celular. Verifique as instruções passo a passo para instalar esse botão em www.pinterest.com/iphone/bookmarklet.

10. Pine com o iPad para as imagens ficarem mais amplas, bonitas e com melhor resolução

Enquanto escrevo este livro, um aplicativo do Pinterest para o iPad já está a caminho. Quando ele sair, pode ter certeza de que você vai poder contar com uma interface mais bonita e mais ampla para pinar. Por isso, trate de ficar atento para esse novo aplicativo, que já está chegando.

• • •

A vantagem de utilizar os aplicativos móveis para o Pinterest é a liberdade que eles lhe dão para pinar onde e quando quiser, a qualquer hora do dia. E o próprio aplicativo também é divertido. Você vê imagens incríveis no universo do Pinterest, e a facilidade de uso do aplicativo torna muito divertido ficar navegando pelos painéis e fazer um monte de coisas em pouco tempo. Portanto, cuide para que seu *smartphone* seja parte da sua estratégia de marketing no Pinterest!

Seu plano de ação

- Faça o download e instale o aplicativo do Pinterest para o iPhone.
- Crie um horário diário e semanal para pinar e se relacionar com os outros usuários por meio do aplicativo.
- Marque as fotos que você enviar pelo iPhone com sua atual posição geográfica.

Pinterest para ONGs, business to business e negócios baseados em blogs

Se você for o administrador de uma ONG, ou de uma empresa business to business (B2B), pode até estar pensando: "Isso tudo é muito bom, mas como é que essas sugestões se aplicam ao meu caso? Meu negócio é tão singular, tão restrito a uma determinada categoria..."

Se o Pinterest realmente não se encaixar no seu tipo de negócio — se os seus clientes não o usam, e você acha que não vai adiantar —, tudo bem. Porém, como um número cada vez maior de empresas *está utilizando* o Pinterest — e obtendo bons resultados com ele —, não descarte nada antes de olhar de perto. Uma pesquisa recente feita pelo Price-Grabber descobriu que 21% dos usuários do Pinterest compraram algum produto depois de ver a foto dele no site, e não é bom que você perca essa oportunidade só porque achava que o Pinterest não iria funcionar no seu caso.[1]

Este capítulo dará alguns exemplos de tipos específicos de empresas e marcas que usam o Pinterest de uma maneira realmente inteligente. Essas histórias podem acabar despertando algumas ideias em você — sobretudo quando vir quantas empresas e ONGs estão fazendo o Pinterest trabalhar para elas.

Quando ler esses exemplos, pergunte-se: será que existe uma maneira de eu aplicar essas ideias à minha marca, aos meus produtos e serviços, enquanto empresa de B2B? Ou, se sua empresa for uma ONG, será que não dá para ver nessas ideias alguma maneira de se conectar com as pessoas que você acredita serem possíveis doadores, voluntários ou apoiadores?

---

[1] www.mediapost.com/publications/article/171682/mccormick-dives-into-pinterest.html?edition=45352#ixzz1r68fiGTj.

Empresas B2B

A PediaStaff, uma agência de recrutamento de terapeutas infantis, tem uma história de êxito incomum no Pinterest. Seus clientes são escolas, hospitais e clínicas, e a missão da organização é fornecer os profissionais mais qualificados para eles. A PediaStaff é um grande exemplo de empresa B2B que progride fazendo marketing no Pinterest para criar relacionamentos e gerar confiança.

A equipe da empresa usa o perfil no Pinterest para ter contato permanente com potenciais trabalhadores e com os clientes. Seu marketing faz sucesso através de uma mistura criativa de conteúdo visual focado, painéis de debates interativos e links consistentes das imagens no Pinterest com o site principal.

Baseando-se nas experiências que tiveram no LinkedIn e no Facebook através dos anos, a PediaStaff aprendeu o valor de compartilhar conteúdo como uma forma de construir e cuidar de uma comunidade, além de desenvolver relações com possíveis clientes e pessoas em busca de emprego. E levaram essa mentalidade apoiada em marketing de conteúdo inteligente para o Pinterest assim que começaram a utilizá-lo.

Só para refrescar a memória, **marketing de conteúdo**, que discutimos primeiro no Capítulo 6, significa "criar e compartilhar gratuitamente conteúdo informativo, de modo a converter potenciais clientes em clientes reais e fazê-los comprar de você várias vezes".[2]

Na verdade, a PediaStaff tem dois públicos que precisa alcançar por intermédio do Pinterest. Ela precisa se conectar às clínicas e aos hospitais, que são seus principais clientes, mas também precisa criar relacionamentos com aqueles terapeutas à procura de emprego que ela busca recrutar. A empresa usa os painéis e os pins do Pinterest para alcançar esses dois objetivos.

Quando você entra no perfil da PediaStaff no Pinterest, fica com a impressão imediata de que eles estão fazendo alguma coisa realmente diferente no site. Os dois primeiros painéis da página são: "Primeira vez? Favor começar por aqui!" (que inclui instruções sobre como usar os painéis da empresa) e "Anúncios de painéis" (que notifica a existência de painéis novos, divisões entre eles e outros assuntos de interesse).

---

[2] www.copyblogger.com/content-marketing.

O resto dos painéis é um verdadeiro tesouro de recursos e informação para hospitais, clínicas e terapeutas procurando emprego. Entre eles estão painéis de discussão para terapeutas ocupacionais escolares, fisioterapeutas e séries sobre TDAH, cuidados com recém-nascidos e musicoterapia. A PediaStaff também tem um painel chamado "Pin/Painel da semana", em que mostra o melhor do conteúdo recém-enviado.

Tudo nos painéis da PediaStaff gira em torno de fornecer o melhor conteúdo possível na rede (gerenciado especificamente para seu público-alvo) e facilitar a discussão e o diálogo entre as pessoas com quem ela pretende criar relacionamentos.

E essas ações da PediaStaff estão rendendo frutos de maneiras significativas. A gerente de conteúdo interativo da empresa, Heidi Kay, relata que a conta da PediaStaff no Pinterest atualmente tem mais de 15 mil seguidores e que o Pinterest se tornou o principal gerador de tráfego para o site da empresa. Atualmente, o Pinterest gera três vezes mais tráfego para o site principal da empresa do que o segundo maior fornecedor (que é o Facebook). A PediaStaff tem mais de 127 painéis e 11 mil pins para clientes e terapeutas procurando emprego navegarem, e ela é realmente a empresa especializada que se deve procurar para buscar informações nessa área de atuação.

Que pistas você pode tirar do sucesso que essa empresa B2B teve no Pinterest? Aqui vão algumas das coisas que você também pode fazer para que o Pinterest funcione para a sua empresa B2B.

- **Traga o Pinterest para o seu funil de vendas.** De que maneira você tem atraído os clientes para seu site e seu blog? Está usando o Facebook e o Twitter? Está gerando tráfego para os webinários, telesseminários, artigos, livros eletrônicos ou outros conteúdos gratuitos? A melhor maneira de fazer o Pinterest trabalhar para você é alavancá-lo como fonte de tráfego, que leva os visitantes até o chamariz que você normalmente usa para conquistar seus clientes. Linke seus pins às páginas que tratam dos seus webinários e e-books gratuitos. Ceda um pouco de conteúdo generosamente no Pinterest e leve o tráfego que isso gerar para um canal de vendas organizado e descomplicado.

- **Mostre a cultura da sua empresa.** Sua empresa tem uma personalidade. Certifique-se de que ela transpareça no Pinterest. Uma das melhores maneiras de usar o Pinterest é humanizando a empresa através dos pins e dos painéis. Isso permite que você use o seu conteúdo para chamar atenção para tudo o que há de bom na sua empresa.
- **Chame atenção com infográficos fantásticos.** Já tratamos desse assunto o suficiente no Capítulo 6. Nunca se esqueça de que os infográficos são um conteúdo excelente para empresas B2B. Se estiver pagando um escritório de design para criar os infográficos, certifique-se de que ele esteja realmente fazendo o melhor trabalho possível.
- **Adicione pins durante as conferências.** Crie painéis para as conferências a que você comparecer e lembre-se sempre de levar cartões para os demais participantes, com instruções para ser convidado a postar nesses painéis específicos. Pergunte, então, aos demais participantes se você pode adicioná-los à sua lista de cadastros (e não se esqueça de perguntar *sempre*!). Os participantes vão adorar ser incluídos nesses painéis, e você vai acabar se transformando no astro da conferência, à medida que as outras pessoas forem descobrindo que painéis legais você tem e começarem a ver seu conteúdo como uma fonte de referência indispensável para obter notícias, informações e fotos de conferências!
- **Use o conteúdo que você já tem.** Você tem capas de e-books ou de manuais de planejamento de conteúdo gratuito utilizados anteriormente? Ponha essas imagens nos seus painéis e utilize o espaço da descrição para falar dos benefícios que esse conteúdo magnífico pode trazer para os leitores. Aí você pode estabelecer um link entre essas capas e as páginas de aterrissagem do seu site, através das quais os usuários poderão se cadastrar para receber o conteúdo gratuito.
- **Pine sempre pensando na taxa de conversão.** Quando pinar como empresa B2B, é importante utilizar o Pinterest com o objetivo de gerar tráfego de qualidade para seu site e converter seus seguidores em clientes que pagam pelo seu produto ou serviço. Lembre-se sempre de que o Pinterest é mais uma fonte geradora de vendas para você. Descubra em que situações é adequado linkar os pins direto para o seu site (páginas de aterrissagem, cadastros para webinários, blogs etc.).

É claro que não se pode exagerar, porque o que você quer é misturar seus pins de conversão com o conteúdo que você gerencia de outros lugares. No entanto, é realmente importante usar o Pinterest para direcionar o tráfego para o seu site. Não deixe de fazer isso!

- **Pine depoimentos e fotos dos clientes.** Uma das melhores coisas que as empresas B2B podem fazer no Pinterest é pinar as fotos, as histórias e os depoimentos dos clientes. Os usuários do Pinterest vão adorar ver seus clientes contentes e vão ter várias ideias sobre as diferentes maneiras de utilizar seus produtos. E, se os seus clientes estiverem no Pinterest, essa também será uma bela maneira de ajudá-los a aumentar os seguidores *deles*.
- **Dê início a discussões.** Mire-se no exemplo da PediaStaff e crie pins de discussão dedicados a iniciar conversas entre você, seus clientes e seus seguidores.
- **Demonstre a utilidade prática da sua marca.** Você consegue mostrar a seus clientes como é usar um produto seu em situações práticas do dia a dia? A General Electric (@generalelectric), ou GE, tem um painel inteiro chamado "Máquinas sinistras" ("Badass Machines", no original em inglês) que basicamente são o sonho de qualquer nerd (Figura 13.1). O painel mostra fotos das máquinas da GE em ação, o que permite aos usuários do Pinterest dar uma espiada em todas as coisas diferentes que a GE faz e o quanto seus aparelhos são sofisticados.

Para ter mais ideias para empresas B2B, veja o que essas aqui estão fazendo no Pinterest:

- Mashable (@mashable)
- HubSpot (@hubspot)
- Constant Contact (@constantcontact)

Sendo uma empresa B2B, você *realmente* tem desafios diferentes dos encontrados pelas empresas que vendem produtos e serviços direto ao consumidor. Mesmo assim, o Pinterest tem um potencial enorme para você. É só lembrar que *todas* as empresas se baseiam na mesma ideia: **pessoas vendendo para outras**

FIGURA 13.1 As belas "Máquinas sinistras" [Badass Machines] de um painel da General Electric (@generalelectric) no Pinterest.

pessoas, independente de você vender colares numa butique para o consumidor ou fornecer serviços de consultoria, como empresa B2B, para outras empresas. Espero que as ideias que compartilhei aqui, e os exemplos mostrados, tenham lhe dado algumas dicas para criar uma presença no Pinterest para a sua empresa. A partir disso, sinta-se livre para deixar sua criatividade ganhar asas!

ONGs

Joe Waters, consultor de marketing para ONGs cujo blog é www.selfishgiving.com, escreveu um artigo valioso para o *Huffington Post* sobre como e por que as ONGs devem se relacionar com as pessoas através do Pinterest. No entanto, ele pede para que as pessoas por trás das causas pensem no seguinte antes de começarem a pinar:

Você tem uma história interessante ou instigante para contar com imagens? Toda causa tem, mas acreditar que você tem é parte da batalha ganha. O Pinterest é um site natural para museus, sítios históricos e instituições culturais. Talvez sua ONG ajude crianças necessitadas e você tenha um painel chamado "momentos felizes" para capturar todas as belas coisas que está fazendo com elas e por elas.[3]

Se o objetivo de marketing da sua organização for angariar fundos e alcançar doadores, pense em utilizar o poder do conteúdo visual do Pinterest para contar histórias poderosas e emocionantes. Você quer histórias que fiquem na cabeça das pessoas, e o Pinterest pode ajudá-lo a contá-las.

Pense nas ótimas ideias a seguir para o uso criativo do Pinterest quando o assunto for ONGs.

Abrigos de animais e organizações em prol dos direitos dos animais

Organizações que arranjam lares para animais desamparados ou lutam pelos direitos dos animais podem criar painéis que mostrem suas histórias de sucesso. Por exemplo, a Animal Rescue of the Rockies (@arrcolorado) mostra histórias comoventes de resgates de animais de estimação e seu encontro com seres humanos que os amam. Ou, então, que tal as receitas vegetarianas da People for the Ethical Treatment of Animals (@officialpeta)?

Para os abrigos, vale a pena criar painéis para cachorros, gatos, coelhos, aves e outros animais que estejam precisando de um lar temporário ou permanente. Eles também poderiam gerenciar conteúdos de boa qualidade sobre brinquedos para bichinhos de estimação, produtos para adestramento e comida saudável para animais.

A Wildlands Network (@wildlandsnetwrk), organização que se dedica à restauração, proteção e conexão entre os diversos ambientes naturais na América do Norte, tem um painel incrível chamado "What We Do" [O que fazemos]. Um

---

[3] www.huffingtonpost.com/joe-waters/why-how-causes-should-use_b_1190956.html.

painel como esse é uma maneira excelente de passar sua mensagem para doado-res, voluntários e outras pessoas que apoiam ONGs, porque permite que você realmente *mostre* a eles fotos daquilo que você faz no mundo.

Organizações de proteção do meio ambiente

O Pinterest oferece oportunidades de marketing excelentes para aquelas ONGs cujo foco são as questões ambientais. Se você tem um grande evento com volun-tários, pode mostrar as fotos dos felizes participantes trabalhando juntos para limpar áreas problemáticas, ou criar séries com os esforços criativos de recicla-gem patrocinados pela organização. Pense em fotos de jardins comunitários, pa-lestras de conscientização em escolas e vídeos que sirvam como uma espécie de "puxão de orelha" para os seus seguidores tomarem algum tipo de iniciativa em suas comunidades.

A Nature Conservancy (@nature_org) apresenta um painel de "Presentes verdes" (Green Gift, no original) toda segunda-feira, no qual exibe presentes eco-logicamente corretos, pesquisados em toda a internet (veja a Figura 13.2). Eles também têm painéis bem legais de receitas para salvar o planeta, um clube de pássaro do mês e vencedores do concurso de fotografias que organizam anual-mente.

FIGURA 13.2 A Nature Conservancy (@nature_org) exibe um painel de presentes verdes atualizado toda segunda-feira.

A Water.org (@waterdotorg), uma ONG fundada pelo ator Matt Damon e pelo especialista em abastecimento de água Gary White, transformou milhares de comunidades no mundo inteiro, proporcionando acesso seguro a água e esgoto. O painel que eles têm no Pinterest, chamado "Water Is Life" [Água é vida] traz belas fotos da água e do papel que ela desempenha em nossas vidas. São imagens realmente instigantes, que deixam bem claro que o acesso à água limpa é uma necessidade para os seres humanos do mundo inteiro.

Bibliotecas

Administradores de bibliotecas e equipes de divulgação estão fazendo coisas incríveis com o Pinterest. Como o site é uma ótima ferramenta para gerenciar as coisas, as bibliotecas usam os painéis para reunir informações sobre vários assuntos de interesse de seus clientes, como informações para pais, adolescentes, participantes de clubes do livro, aficionados por história e muitos mais. Se você trabalha numa biblioteca, poderá criar listas de leitura visualmente interessantes sobre uma série de temas, como recomendações dos funcionários, romances para adolescentes, livros para o verão etc.

A Barrington Area Library (@balibrary), em Illinois, tem um total de 13 painéis. Um deles se chama "Grow a Reader" [Crie um leitor] e traz informações e recursos para pais e mestres que queiram incentivar as crianças a se tornarem leitores pela vida inteira. Eles também administram um painel bastante grande de recursos para a comunidade, que lista as atividades locais e os eventos da biblioteca.

A equipe da San Francisco Library (@sfpubliclibrary) usa os painéis no Pinterest para mostrar imagens históricas incríveis do entorno da baía de São Francisco, incluindo fotos da construção da ponte Golden Gate. A bibliotecária infantil Anne Clark (@sotomorrow) usa o Pinterest de uma maneira muito criativa, para juntar ideias para a hora de contar histórias, murais de bibliotecas e inspiração para contos de fadas. Ela tem até um painel só de ideias para um programa da biblioteca cujo tema é a série *Guerra nas Estrelas*!

Museus, zoológicos e jardins botânicos

Você pode criar um painel cooperativo que permita que os visitantes pinem o que eles mais gostam em matéria de obras de arte, animais de jardim zoológico ou plantas em exibição. Ou talvez você prefira manter painéis cujo foco sejam as atividades de bastidores da sua organização. Que tal um painel sobre "Um dia na vida de um zoólogo"? Seus doadores e apoiadores vão adorar dar uma olhada no que acontece depois que seu zoológico favorito fecha as portas!

O Zoológico de Cincinatti (@cincinattizoo) tem um painel com belas imagens de seus animais — inclusive daqueles menorezinhos, que muita gente nem vê, como os porcos-espinhos. Ele também tem painéis que dão detalhes sobre os eventos do zoológico e atinge os principais clientes com um painel que dá às famílias ideias divertidas para atividades que elas podem fazer em conjunto (inclusive algumas que não têm nada a ver com o zoológico, nem com animais).

Os painéis do Chicago History Museum (@chicagomuseum) não só mostram fotos incríveis de muitos períodos diferentes da história de Chicago, como também exibem belas imagens dos casamentos realizados no museu. Eles têm até um painel que traz os links para vários artigos que estão à venda na excelente lojinha do museu.

E não deixe de conferir o New York Botanical Gardens (@nybg) e o Getty Museum (@gettymuseum) para ver mais ideias incríveis sobre como mostrar o que sua organização tem a oferecer.

Hospitais e organizações na área da saúde

O Pinterest também tem um potencial muito bom para hospitais e outras organizações na área da saúde que desejem reunir o melhor conteúdo da internet sobre esse tema. Conselhos para dietas e sobre como se manter em forma, histórias de pacientes e outros conteúdos que façam você se ligar aos seus clientes ideais — tudo isso é um material muito bom para os painéis.

A equipe de marketing e relações com a comunidade do Dayton Children's Medical Center (@daytonchildrens) tem como clientes ideais os pais das crianças. Por isso, seus painéis são cheios de receitas, histórias, decorações e técnicas de artesanato próprias para os pais. Um dos meus painéis favoritos se chama "Miracle Stories" [Histórias de milagres], com fotos fantásticas de ex-pacientes. Nas descrições das fotos são expostos quais eram os problemas de saúde das crianças e como hoje elas conseguem crescer e se desenvolver no mundo. Ver os rostinhos sorridentes de tantas crianças é um argumento muito bom para convencer os pais a levarem os filhos ao Dayton Hospital se eles estiverem precisando de algum cuidado médico.

Esses exemplos, por si só, proporcionam uma série de ideias sobre como usar o Pinterest para criar comunidades de ONGs ou de alcance aos enfermos. Não se esqueça dos outros conceitos que discutimos neste livro — sobre administração do conteúdo, criação de relacionamentos com seus seguidores e incorporação do Pinterest em sua estratégia de marketing de uma maneira inteligente — e terá meio caminho andado para fazer o Pinterest auxiliar no sucesso da sua ONG ou da sua causa.

Para ter mais ideias sobre como utilizar o Pinterest para passar a mensagem da sua causa, entre em www.bethhayden.com e faça o download de outras ideias de marketing para ONGs (em inglês).

No Capítulo 14, entraremos no assunto um tanto espinhoso da ética no Pinterest. Falaremos de como podemos nos proteger como artistas ou fornecedores de conteúdo visual e como decidir o que pinar como usuários comerciais do Pinterest.

Seu plano de ação

- Decida se usar o Pinterest é a decisão apropriada para a sua ONG ou empresa B2B.
- Em caso afirmativo, reúna sua equipe de marketing e decida quais das ideias expostas neste capítulo vocês gostariam de pôr em ação — ou então criem suas próprias ideias!
- Monitore o sucesso do seu trabalho no Pinterest e vá refinando a estratégia de sua ONG ou empresa B2B conforme for necessário.

Ética no Pinterest

Se você é usuário do Pinterest, então provavelmente já deve estar a par da enorme polêmica sobre direitos autorais que circundou o site há algum tempo. Como o Pinterest cresceu com muita rapidez — mais rápido do que quase todas as redes sociais na história —, alguns dos termos de serviço do site se mostraram problemáticos com igual velocidade. Por isso, os fundadores recentemente tiveram que encarar críticas bastante ácidas de blogueiros e dos veículos da mídia tradicional a respeito do uso de imagens como conteúdo compartilhado no site.

Vou usar este capítulo para discutir algumas dessas questões e dar alguns conselhos para provedores de conteúdo (artistas, fotógrafos etc.) que desejem se proteger on-line. Também vou dividir algumas observações sobre como as empresas que queiram fazer marketing no Pinterest podem se manter livres de problemas legais.

No entanto, devo observar que não sou advogada, nem tenho conhecimentos jurídicos. Sou uma mera observadora e usuária do site. Este livro não contém conselhos legais. Se for isso que você procura, aconselho a contatar um advogado especializado em propriedade intelectual que possa orientá-lo com relação à melhor maneira de utilizar o site.

Conselhos para artistas, fotógrafos e outros provedores de conteúdo visual

Primeiro, gostaria de tratar das principais preocupações de artistas, fotógrafos e todas as outras pessoas que fornecem conteúdo visual na internet — que, nesta seção, vou chamar, genericamente, de artistas.

Um rápido parêntese sobre os termos de serviço do Pinterest: há até pouco tempo, o site *tinha* uma cláusula nos seus termos de serviço que dizia que, ao utilizar o Pinterest, você permitia que o site vendesse as imagens que você tivesse enviado ou para as quais houvesse um link. Os artistas ficaram muito irritados com isso (e com toda razão) e muitos deles reclamaram. No dia 1º de abril de 2012, o Pinterest excluiu o verbo "vender" dos termos de serviço, declarando:

*Nos nossos Termos originais, dizíamos que, ao postar um conteúdo no Pinterest, você conferia ao site o direito de vendê-lo. **Nunca foi nossa intenção vender conteúdo e nós retiramos isso na presente atualização dos Termos.** [grifos da autora][1]*

É compreensível que os artistas se sintam vulneráveis quanto ao uso de suas imagens no Pinterest — uma preocupação absolutamente válida. Mas há procedimentos que eles podem fazer para se protegerem, ao mesmo tempo que aproveitam os inegáveis benefícios de veicular suas imagens no site.

Estar disposto a afrouxar um pouco as rédeas na hora de decidir como compartilhar seu conteúdo on-line pode lhe trazer enormes benefícios, no que concerne ao Pinterest. Atualmente, o site gera mais tráfego para sites e blogs do que o Twitter, o YouTube e o Google+. Isso significa que milhões de visitantes acessam os sites de pessoas e empresas através dos pins do Pinterest, e alguns desses visitantes podem acabar entrando no seu site e comprando uma obra sua.[2]

As possibilidades de os artistas converterem esse tráfego em lucro e benefícios são astronômicas. Por isso, antes de tomar qualquer decisão mais radical na hora de compartilhar imagens no Pinterest — sim, essa é uma decisão pró-ativa que você pode tomar —, trate de ter certeza de que está se fundamentando em todos os fatos à sua disposição.

Trey Radcliff, fotógrafo e blogueiro que escreveu uma postagem (hoje famoso) intitulada "Why Photographers Should Stop Complaining About Copyright and Embrace Pinterest" [Por que os fotógrafos devem parar de reclamar sobre direitos autorais e aderir ao Pinterest], tomou uma atitude radical quanto à maneira como os artistas devem lidar com os compartilhamentos pela internet:[3]

À medida que, para mim, o futuro vai ficando cada vez mais claro, vejo uma confusão desnecessária, na qual os fotógrafos da velha guarda,

[1] http://blog.pinterest.com/post/19799177970/pinterest-updated-terms.

[2] http://blog.shareaholic.com/2012/01/pinterest-referral-traffic.

[3] www.stuckincustoms.com/2012/02/13/why-photographers-should-stop-complaining-about-copyright-and-embrace-pinterest.

agarrando-se a uma maneira antiga de se fazer as coisas, vão acabar "ficando para trás". Boa parte dessa raiva e desse comportamento irracional geralmente se baseia no medo — mais especificamente, no medo de mudanças. Mas as coisas não precisam ser assim.

Na hora de compartilhar suas fotos pela internet, você tem dois caminhos a seguir. Você pode postar pequenas imagens, inserir uma marca-d'água e passar o resto da semana caçando as pessoas que as utilizaram de maneira inadequada.

Ou pode fazer como eu.

Ofereça todas as suas criações (...) ao julgamento da internet. A internet, assim como o universo, vive num certo fluxo. Você pode se unir a esse fluxo e aproveitar a viagem. Pode se sentir motivado por aquilo que pode vir a acontecer, em vez de ficar nutrindo um medo venenoso de perder.

É, as ideias de Ratcliff estão bem longe da norma e, sim, ele foi bastante criticado por ter expressado publicamente sua opinião sobre esse tema. Mas a política de compartilhamento total de Radcliffe está gerando bons resultados para ele. Quando veiculou essa postagem, em fevereiro de 2012, recebeu mais de *35 mil visitantes vindos do Pinterest, em seu site,* no mês seguinte. E isso é *muito* tráfego.

Se você tomar a decisão — como artista e provedor de conteúdo — de que não quer compartilhar suas imagens no Pinterest, por qualquer motivo, pode tomar certas medidas para bloquear suas fotos e dar parte de qualquer infrator, para que eles retirem as imagens da rede. No entanto, se quiser tomar o partido de Ratfcliff e se abrir para o manancial de benefícios que pode surgir ao compartilhar suas imagens no Pinterest, os tópicos abaixo são algumas das providências que você pode tomar para proteger a si mesmo e as suas imagens, de modo a receber o devido crédito pelo seu trabalho.

- **Poste as imagens com uma resolução relativamente baixa (como 72dpi) e um tamanho relativamente pequeno.** Não envie ou utilize imagens muito grandes (mais de 2.500 pixels de largura) em seu site. Quanto maior a imagem, mais provável é que ela seja usada de maneiras indesejáveis. Por isso, mantenha uma resolução baixa.
- **Insira seu crédito na descrição do pin.** Se estiver pinando o próprio trabalho, inclua seu nome, o símbolo de copyright, o nome da obra e

o endereço de seu site. Certifique-se de colocar o http:// antes do endereço do site, de modo que ele se torne um link direto na descrição. Um crédito comum seria algo assim: ©2012 Beth Hayden, *Título da Obra*, http://www.seusiteaqui.com.

- **Ponha a marca d'água em todas as imagens.** Independente de você estar publicando as imagens no seu próprio site ou estar pensando em fazer um upload para o Pinterest, uma das melhores salvaguardas que se pode ter é fazer uma marca-d'água na imagem com o seu nome ou o do seu site (de preferência, os dois). Alguns artistas discordam. Relutam em incluir uma marca-d'água no canto da imagem porque acham que os demais usuários do Pinterest irão simplesmente apagá-la. Também ouvi falar de artistas que se recusam a acrescentar uma marca-d'água ao centro da imagem porque acham que isso vai afetar a obra. No entanto, eu o incentivo a incluir uma marca-d'água num canto da foto, em tamanho suficientemente grande para ficar legível no Pinterest. Acredite se quiser, a grande maioria dos usuários não sabe tirar a marca-d'água das imagens, ou não vai perder tempo com isso. Nos últimos cinco anos, trabalhei com centenas de pessoas na minha empresa de marketing pela internet e posso afirmar, com a mais absoluta certeza, que a maioria não sabe apagar a marca-d'água. Por isso, não fique se preocupando muito, com medo de que alguém vá perder tempo apagando ou cortando sua marca-d'água. É muito mais provável que a marca vá ficar na imagem, por onde quer que ela passeie no universo do Pinterest.

- **Monetize seu site.** Essa dica vem daquela escola de pensamento de artistas que diz: "Não se irrite, seja pago." Se você for um artista ou fotógrafo na rede e ainda não dispõe de uma maneira fácil e rápida para os visitantes do seu site comprarem suas obras pela internet, então precisa resolver isso rapidamente. Prepare um carrinho de compras para vender suas imagens, ou uma loja afiliada que possa recomendar produtos para os leitores e ganhar uma comissão sobre as vendas que originou. Você também pode montar uma loja virtual no Etsy, que vai lhe dar uma loja fácil de utilizar e ajudá-lo a processar rapidamente os cartões de crédito. O Etsy é um site de vendas para artistas que criam obras artesanais ou artigos de colecionador — e permite que você monte sua própria loja e venda suas obras on-line. O que quer que você tenha que fazer para começar a ganhar dinheiro com o seu site, trate de fazer *agora mesmo*.

O importante é garantir que você pode transformar o tráfego que vai se originar do Pinterest em dinheiro no bolso. Você está perdendo uma *grande oportunidade* se os visitantes que chegarem ao seu site não contarem com uma maneira fácil de comprar seu maravilhoso trabalho. Acredito piamente que todo artista deve ter um carrinho de compras ou outra forma de monetização, antes mesmo de cuidar das outras sugestões de marketing citadas neste livro.

Protegendo seus direitos autorais

Se não quiser que suas imagens sejam utilizadas no Pinterest — ou se descobrir que alguém as está usando ilegalmente —, você *conta* com algumas opções para controlar a utilização de seu trabalho. O Pinterest o apoia na hora de mandar tirar os pins que violarem seus direitos autorais. Aqui vão algumas medidas que você pode tomar:

- Se descobrir que as suas imagens estão sendo utilizadas no Pinterest de uma maneira que você não acha juridicamente legal ou sem o devido crédito, você pode: 1) pedir ao pinador, através de uma mensagem (nos comentários do pin) para linkar a imagem ao seu site (e, de preferência, a uma página de vendas no site, na qual os visitantes possam comprar a imagem impressa ou em outras versões); ou 2) pedir ao pinador para retirar a imagem. Geralmente, os usuários do Pinterest vão cumprir um dos pedidos sem maiores problemas.
- Você também pode se valer do relatório de pins no Pinterest para denunciar o pinador se ele se recusar a cumprir seu pedido depois de você tê-lo notificado. O Pinterest afirma o seguinte:

Todo pin é acompanhado por um botão de "Denunciar Pin", e os usuários que descobrirem algum conteúdo ilegal podem dar queixa no Pinterest, através do formulário de notificação de infração de direitos autorais. As exigências para a notificação incluem uma URL para provar que o conteúdo é seu, a URL do pin infrator, seu nome e endereço residencial.

Saiba mais (e pegue o formulário) entrando em: www.pinterest.com/about/copyright/dmca;

- Se você decidir, depois de pesar todas as alternativas, que não quer que ninguém pine imagens do seu site, poderá incluir um pequeno código ao site que bloqueará qualquer aplicativo ou marcador do Pinterest. Os detalhes você pode obter entrando em http://blog.pinterest.com/post/17949261591/growing-up.
- Se, além de tudo isso, ainda quiser incluir mais uma medida de proteção, e o seu site estiver ancorado a uma plataforma da WordPress, também poderá instalar o seguinte plug-in, que impede que os leitores façam download de qualquer imagem do seu site: www.wordpress.org/extend/plugins/no-right-click-images-plugin.

Conselhos para empresários, ONGs e blogueiros que usam o Pinterest em seu marketing

Os termos de serviço do site deixam muito claro que os usuários são responsáveis por garantir que não vão violar os direitos autorais de outros provedores de conteúdo. Eles afirmam:

O Pinterest valoriza e respeita os direitos de terceiros criadores e dos donos do conteúdo, e espera que você siga esse mesmo caminho. Com isso, você concorda que qualquer Conteúdo de Usuário que você postar neste Serviço não viola nem violará qualquer lei, nem vai infringir os direitos de quaisquer terceiros, inclusive, mas sem se limitar a, Direitos de Propriedade Intelectual [...], de personalidade ou de privacidade.

Ao lidar com o uso de imagens de outras pessoas, a lei de direitos autorais americana afirma que você não pode reproduzir ou distribuir fotografias que não sejam suas.[4] Em suma, um pinador tem que obter a permissão expressa da pessoa que tiver os direitos de cada imagem que ele quiser pinar. Isso, evidentemente, deixa o Pinterest numa situação difícil, já que seu modelo de negócio se baseia nas pessoas podendo pinar livremente o conteúdo que encontram na internet e repinar os conteúdos que acharem interessantes nos painéis dos outros.

O debate sobre o tema se alastra por toda a internet. Alguns usuários chegaram a deletar seus painéis com medo de processos e de ter que pagar algum tipo de remuneração. Há muita confusão sobre como agir corretamente.

Um *advogado especializado em propriedade intelectual* vai recomendar o seguinte, se você for fazer marketing no Pinterest:

1. Pine somente suas próprias imagens e vídeos, ou imagens de artistas que lhe deram permissão para publicar sua obra no Pinterest.
2. Leia todos os contratos (com os artistas) cuidadosamente para saber quando você terá que dar crédito ao artista, ou conseguir sua permissão. Se a autorização exigir que você dê um crédito por escrito, certifique-se que ele apareça claramente na descrição de cada pin.

Já uma declaração recente do Pinterest, entretanto, dá a entender que eles acreditam que, assim como os seus usuários, o site dispõe de algum grau de proteção, sob o Digital Millenium Copyright Act (DMCA)[5]. O que eles afirmam é o seguinte:

> *O Pinterest é uma plataforma para as pessoas compartilharem assuntos de seu interesse mediante coleções de imagens, vídeos, comentários e links que elas compartilham com os amigos. O Digital Millenium Copyright Act (DMCA) oferece algumas salvaguardas justamente para esse tipo de plataforma. Estamos comprometidos a responder, de maneira eficiente, a qualquer alegação de violação de direito autoral. Estamos regularmente melhorando nossos processos internos, com a ajuda de advogados especialistas na área de direitos autorais.*

---

[4] No Brasil, os chamados direitos de personalidade (imagem, voz, semelhança física etc.) não são tratados na Lei de Direitos Autorais, mas num capítulo próprio do Código Civil. [*N. do T.*]

[5] Alteração na Lei de Direitos Autorais americana que, em princípio, limita a responsabilidade dos provedores de internet pelas violações de direitos autorais cometidas pelos usuários. [*N. do T.*]

Como empresa, temos grande apreço em gerar valor para os criadores de conteúdo. Passamos muito tempo nos conectando a esses criadores para entender suas necessidades e preocupações. Até agora, temos recebido um feedback amplamente positivo e criamos ferramentas tanto para aqueles que publicam o seu conteúdo e querem facilitar a vida de quem deseja piná-lo (a ferramenta "Pinar" para quem publica conteúdo), quanto ferramentas para os que preferem que seu material não seja pinado (um código de opt-out que os donos do conteúdo podem incluir no site, que impede que aquele conteúdo seja compartilhado no Pinterest).

Nossa meta, no Pinterest, é ajudar as pessoas a descobrir aquilo que elas amam. E gerar tráfego para as fontes do conteúdo original é fundamental para isso.[6]

Então, onde é que você fica nisso tudo — você, que quer usar o Pinterest para fazer seu negócio crescer e criar uma comunidade? Será que você deveria 1) deletar todos os seus painéis?; 2) pinar apenas suas próprias imagens?; ou 3) criar coleções de imagens colhidas de toda a internet? Só você (e os seus advogados) pode tomar uma decisão final sobre isso. No entanto, acredito que vale a pena pensar em todas as questões envolvidas antes de simplesmente bater em retirada do Pinterest, como alguns provavelmente farão.

Como usuária frequente e observadora do Pinterest, sinto-me à vontade para compartilhar algumas observações sobre como as pessoas estão tentando pinar de uma maneira ética. Alguns usuários acham que podem simplesmente continuar a juntar imagens da internet, mas faça todo o possível para se certificar de que os pins deles estejam linkados à fonte original da imagem e que os artistas e demais fornecedores de conteúdo tenham toda a oportunidade de monetizar suas belas obras.

Pinadores éticos, como muitos deles se apresentam, sempre fazem o seguinte:

1. **Pinam as fontes originais das fotos.** Pinadores éticos, quando pinam conteúdo que não é deles, fazem todo o possível para que as imagens pinadas tenham um link para a fonte original.

   Pinadores responsáveis são igualmente cuidadosos quando repinam imagens. Esses usuários pensam duas vezes antes de apertar

---

[6] www.washingtonpost.com/business/technology/pinterest-addresses-copyright-concerns/2012/03/15/gIQAijAFES_story.html.

o botão de "Repinar", de modo a encontrar a fonte original da imagem, para que o link seja estabelecido com o devido proprietário.

Tem um truque que você pode usar para encontrar a fonte original de uma imagem: clique com o botão direito do mouse em cima do pin e selecione "Copiar URL da imagem". Entre então em http://images.google.com e clique no ícone da câmera na barra de busca. Cole ali a URL da imagem, aperte o botão de pesquisar e navegue pelos resultados até encontrar a fonte original da imagem.

Você também pode utilizar a fonte de imagem reversa TinEye (www.tineye.com) para verificar a fonte original de uma imagem.

2. **Dão os créditos na descrição do pin.** Pinadores éticos sempre incluem informações sobre o fornecedor original de conteúdo na descrição do pin (veja as instruções acima sobre como dar o crédito apropriado).

3. **Não reclamam se alguém pede que eles retirem os pins.** Se algum artista ou provedor de conteúdo pedir que retirem os pins ou deem um novo crédito às imagens, os pinadores éticos fazem isso com prazer, rapidamente e sem fazer cena.

4. **Veem o Pinterest como uma oportunidade para construir relações comerciais.**

O sucesso nos negócios — seja no mundo virtual ou no real — se constrói sobre uma sólida base de relacionamentos e comunidade. Pinadores éticos acreditam que é dever deles fazer negócios de uma maneira justa e correta, e que parte disso é apoiar outros artistas e provedores de conteúdo, dando o melhor de si para encaminhar o tráfego gerado para seus blogs ou sites. Incentivar artistas, fotógrafos e provedores de conteúdo a monetizar seu tráfego no Pinterest, sempre que possível, é o que deve ser feito. Empresários que ajudam outros empresários geram um modelo de comportamento poderoso para o mundo dos negócios.

E agora?

E então? O que é que vai acontecer com o Pinterest nessa questão de direitos autorais? Perguntei ao advogado Jonathan Pink — chefe da equipe de internet e novas mídias do escritório de advocacia Bryan Cave — como ele achava que os atuais problemas que circundavam o Pinterest em matéria de direitos autorais iriam se resolver, considerando-se o que já havia acontecido no passado com sites como o YouTube e o Facebook. Ele me respondeu:

> *O caso do Facebook é diferente porque eles só usam uma miniatura [no Facebook] (que o liga ao site original). Os tribunais já disseram que nesse caso não há violação. A propósito, essa é uma maneira bastante simples pela qual o Pinterest poderia corrigir sua situação, embora eu duvide que isso combinaria com a forma através da qual eles fornecem conteúdo. Se não houver um desenvolvimento tecnológico que permita que eles coloquem esse tipo de miniatura, o Pinterest ou vai ser processado até acabar, como o Napster; ou vai estar sempre tendo que fazer acordos judiciais de direitos autorais (e tirar as imagens do ar), como o YouTube; ou ainda tão poucas pessoas vão se incomodar em processar os pinadores individuais (devido aos custos, ao baixo retorno sobre o investimento comparado às custas do processo, ou mesmo à apatia) que as coisas vão continuar mais ou menos como estão. Aposto que vai acontecer algum processo contra o Pinterest que vai obrigá-lo a se transformar um pouco. Não dá para prever como ele vai estar daqui a uns três anos, mas não acredito que ele realmente venha a ser bem-sucedido (...) enquanto não encontrar uma maneira de lidar com essas questões fundamentais.*

E também é possível que o Pinterest consiga encontrar uma saída que *não esteja* na lista do Dr. Pink — uma quarta possibilidade na qual, por enquanto, ninguém pensou. O selvagem e sedutor mundo dos sites gerados pelos usuários (e as questões de direitos autorais que os acompanham) vai continuar a crescer e a se transformar, e é bem provável que as leis de direitos autorais também tenham que se adequar a essa situação. Porém, enquanto isso, nosso trabalho como usuários do Pinterest é encontrar a abordagem que melhor funcione para nossa realidade individual.

Seu plano de ação

- Consulte seu advogado sobre as questões que envolvem o Pinterest e decida qual a melhor estratégia para o seu negócio.
- Seja o pinador mais ético possível, em toda e qualquer situação.

Conclusão

E agora? O que vai ser?

Este livro foi escrito para fazer você pensar nas inúmeras maneiras de utilizar o Pinterest para vender seus produtos e serviços. Espero que, agora que terminou de ler, você possa tomar algumas das iniciativas que enumerei no final de cada capítulo.

E toda a emoção de fazer marketing no Pinterest não termina aqui. Eu adoraria continuar esse relacionamento! Essa conversa continua no meu site (www.bethhayden.com), no Twitter (@bethjhayden) e, obviamente, no próprio Pinterest (@bethhayden).

Adoraria saber como as ideias deste livro inspiraram ou auxiliaram você. Conte-me de que maneira o Pinterest ampliou seus negócios e ajudou a conectá-lo com seus clientes e você pode acabar indo parar no meu blog ou num dos painéis que tenho no Pinterest, como um caso de sucesso gerado por este livro!

E, como um presentinho final, não se esqueça de baixar o material complementar (em inglês) sobre o Pinterest no site www.bethhayden.com. É só clicar no logo do Pinterest e fazer o download de todos os relatórios, ideias e listas de tarefas gratuitamente.

Este livro foi composto na tipologia Minion Pro,
em corpo 11/15,8, e impresso em papel off-white na Markgraph.